使徒の働き 365の 黙想と祈り

篠原 明［著］

いのちのことば社

装丁　長尾　優
本文イラスト　秋山　琴

はじめに――ディボーションを始める前に

◎使徒の働きとはどのような書か

「使徒の働き」は「使徒行伝」あるいは「使徒言行録」などと呼ばれます。時には「聖霊行伝」とも称され、キリストが復活して天に上げられた後、聖霊が弟子たちを導いて宣教のわざを進めた、それは今日まで続いている――というように語られます。新約学者のゴードン・フィーも、エルサレムから始まった福音宣教がローマに至る働きの中で、決定的な役割を果たしたのは聖霊であり、人間の計画によって起こったものではないと語ります。「神がそれを意図し、聖霊が実行したのです」[1]

それでは、現代を生きる私たちはどのような意味で初代教会から続く聖霊の導きのうちにいるのでしょうか。聖霊なる神が今日でも私たちのうちで働いておられる現実をどのように知り、体験することができるのでしょうか。このことにはっきりと目が開かれることは、多くの混乱と不安の中に生きる今日のクリスチャンと教会にとって、まさに死活問題でしょう。

この問いを考えるために、『ザ・メッセージ』（現代米語訳聖書）の訳者ユージン・ピーターソンが使徒の働きの特徴について語ることばに耳を傾けてみましょう。

イエスの物語はイエスとともに終わるものではない。イエスを信じる者たちの生涯において継続する。超自然的なわざはイエスとともに終わるものではない。ルカが書いたこれらのクリスチャンたちは単なるイエスの見物人ではなかった。それはイエス自身が単なる神の見物人でなかったのと同様である。ルカはこのことを明らかにしている。彼らは自分たちのうちで行動し、自分たちのうちに生きている神の活動に参加しているのだ。もちろん、神は私たちのうちでも行動し、私たちのうちにも生きているのである。[2]

イエスのみわざは聖書の時代で終わったのではありません。聖霊によって、教会を通して今日まで続いているのです。私たちはそのような神の臨在と働きの中に生かされています。使徒の働きはそのことを証ししているのです。

◎使徒の働きをどう読むか

それでは、どのように使徒の働きを読んだら、私たちもこのような神のみわざのうちに生きているということを知り、経験することができるのでしょうか。

この問いに対して、『使徒の働き　３６５の黙想と祈り』は、「使徒の働きを黙想し祈ることによって」と答えます。もちろん、それがこの問いに対する唯一の答えではありません。しかし、重要な態度の一つであることは間違いないでしょう。使徒の働きのみことばを黙想し、祈り、その中で神に聞き、神に語る。そうすることで使徒の働きの中で証しされたのと同じ神の働きにあずかり、神の現実に生きる者とされることを求めます。そこに踏み込むことがこの書の求めることです。みことばを黙想することによって、使徒の働きの世界の中に自分自身も導かれ、エルサレムからローマに至る福音宣教のわざにともに参加している――そのように読むことです。

このような求めをもって使徒の働きをじっくり味わっていくと、すぐに、私たちの周りにも使徒の働きに記されていることと同じようなこと、あるいは非常に似ていることが起っていることに気づくでしょう。ある時には、使徒の働きに記されていることと同じようにするといいかもしれません。またある時には、そこから霊的な真理を学び洞察を得て、信仰生活や教会生活に生かす必要があるかもしれません。そうすることで、二千年前に初代教会が置かれた状況の中で彼らを導いた神ご自身が、今日でも私たちの置かれた状況の中で同じように導いておられることに目が開かれる――そのことをこの本は目指し、求めています。

ご一緒に、使徒の働きを一年かけてじっくり味わう旅に出発しましょう。

◎四つの心がけ――ディボーションをするときに何が起こるのか

『使徒の働き　365の黙想と祈り』は、四つのことを心がけています。すなわち、聖書を読むことが、

(1)「礼拝」となる（神に出会い、神を知り、神をあがめる）、

(2)「祈り」となる（神が語っておられることを聞き、祈りを通して神に応答する）、

(3)「交わり」となる（神と交わる。教えられたことを分かち合うことによって、家族や教会での交わりとなる）、

(4)「成長」になる（みことばによって問われ、吟味し、教えられ、導かれ、キリストと似た者とされる）ことです。

◎四つの実践――どのようにディボーションの時を持つか

『使徒の働き　365の黙想と祈り』の毎日分は、三つの構成（その日の聖書箇所の解説、質問、祈り）でできています。

ディボーションを持つときに、四つのことを実践してみましょう。

(1) 神さまがみことばを通して語りかけてくださるように**祈る**。その日の祈りのことばに合わせて祈る。

(2) 読む箇所の前後の段落を読んで、**話の流れ（文脈）をつかむ**。

(3) その日の箇所を何度も繰り返し読んで、「今、私は、みことばを通して神さまと交わっている」ということを求めながら、じっくり**黙想する（思い巡らす）**。

(4) その日の「質問」で考えたことや読んで教えられたことを、忘れないように（整理するために）**必ずメモを取る**。メモを取ることが、その日のディボーションを豊かなものにします。

1　ゴードン・D・フィー、ダグラス・スチュワート『聖書を正しく読むために［総論］——聖書解釈学入門』関野祐二監修・和光信一訳（いのちのことば社、二〇一四年）、一七九頁。

2　Eugene H. Peterson, *Conversations: THE MESSAGE with its Translator* (Colorado Springs, Colorado: NavPress, 2007), p. 1680.

1

1月1日 —— 1・1～2

「私は前の書で」

ルカは福音書の続編として使徒の働きを書きました。赤子として生まれ、神の国の福音を語り、十字架の死を味わい、復活して天に上げられた主イエスさまは、天に上げられた後も、聖霊によって弟子たちを教え、導き、福音宣教の働きを続けておられます。使徒の働きは、主が聖霊によって、使徒たちを通して働かれた証しです。

　あなたは使徒の働きを通して、どんなことを学びたいですか。

祈り「主よ、あなたは聖霊によって、ご自分の民を通して働かれるお方です」

2

1月2日 —— 1・3～5

「わたしから聞いた父の約束を待ちなさい」

復活したイエスさまは、使徒たちに対して「神の国」のことを語りました。イエスさまは王として支配される方であり、使徒たちはそのことを証しします。ただ、聖霊が与えられるという「父の約束」が実現するのを待たなければなりませんでした。神の国の福音を伝える働きは、聖霊の力によってでなければ実行できないからです。

　あなたが実現を待っている神さまの約束はありますか。それはどんな約束ですか。

祈り「主の約束が実現するのを待つ間、御霊が私のうちに実を結んでください」

3

1月3日 —— 1・6～7

「いつとか、どんな時とかいうことは」

　私たちは、自分の願いや神さまの約束が早く実現してほしいと考えます。それまでに時間がかかるとしたら、せめていつ実現するのかだけでも知りたくなります。使徒たちもそうでした。しかし、イエスさまの思いは違っていました。イスラエルがいつ回復するのかは、父なる神さまがご自分の権威をもって定めておられるのです。

あなたが「主よ、いつまでですか」と祈っているのは、どんなことですか。

祈り「主よ、『いつまでですか』と叫ぶ私の祈りを顧みてください」

4 １月４日──１・８

「聖霊があなたがたの上に臨むとき」


イエスさまは、これから使徒たちを通してなされるわざを告げます。⑴間もなく聖霊が彼らの上に臨むこと、⑵そのとき彼らは力を受けること、⑶エルサレムから始まり、地の果てまでイエスさまの復活と福音を伝える証人となることです。私たちがイエスさまを証しするとき、聖霊がともにいて力を与えてくださるのです。

イエスさまのこの約束はあなたとどういう関係があるでしょうか。

祈り「主よ、聖霊によって、私をあなたの証人として歩ませてください」

5 １月５日──１・９～11

「このイエスは……またおいでになります」


イエスさまは上げられ、雲に包まれ、見えなくなりました。使徒たちはこれから何をしたらいいのでしょうか。天を見上げて立っていることでしょうか。いいえ。イエスさまは同じあり様で、またおいでになるのです。使徒たちの（そして私たちの）することは、イエスさまの再臨を待ち望みながら、イエスさまを証しすることです。

御使いのことばを聞いて、使徒たちはどう思ったでしょうか。

祈り「主よ、私を、あなたの再臨を待ち望みながら証しする者としてください」

6

1月6日 ―― 1・12～14

「いつも心を一つにして祈っていた」

オリーブ山からエルサレムに戻った使徒たちは、何をしたでしょうか。聖霊が与えられるという約束が実現するまで、どのようにして待っていたでしょうか。心を一つにして祈りました。熱心に、ともに集まって、祈り続けました。神さまの約束が実現するのを待つ最もふさわしい態度は、心を一つにして祈っていることでした。

祈って待つようにと主があなたに語っていることとは、何でしょうか。

祈り「主よ、私たちをいつも心を一つにして祈る群れとしてください」

7

1月7日 ―― 1・15～17

「聖霊がダビデの口を通して」

約束の聖霊を待つ間、百二十人ほどの兄弟姉妹が一つになって集まり、祈っていました。何が起こったでしょうか。ペテロが聖書のことばに基づいて、ユダの裏切りがどういうことだったのかを説き明かし始めました。ユダはイエスさまを引き渡しましたが、それは聖霊がダビデの口を通して前もって語っていたことの成就でした。

主がみことばによって、前もってあなたに何かを語っていないか、祈って探ってみましょう。

祈り「主よ、みことばによって私に語り、私を探ってください」

8

1月8日 ―― 1・18～20

「このユダは……真っ逆さまに落ちて」

ユダの最期は悲惨なものでした。この箇所はマタイ27・3～10とどう調和するのでしょうか。おそらく、祭司長たちは、ユダが神殿に投げ込んだ銀貨三十枚で陶器師の畑を買い、異邦人の墓地にしたのでしょう。ユダはそこで首をつり、その後で真っ逆さまに落ちたのでしょう。一見矛盾に見える聖書箇所も調和しているのです。
あなたはユダの最期を読んで、どう思いましたか。

祈り「主よ、弟子であるのに主を裏切るという罪から、私を守ってください」

9

1月9日 —— 1・21〜23

「いつも私たちと行動をともにした人たち」

ここでペテロをはじめとする使徒たちが、自分たちがイエスさまとともに経験してきたことと、与えられた役目がどれだけ重要なものであると受け止めていたかがわかります。イエスさまがお語りになったことを実際に聞き、みわざを自分の目で見て、十字架と復活と召天の目撃者であることが、教会の土台になるからです。

あなたが主から与えられた、「重みのある経験」は何でしょうか。

祈り「主よ、あなたが与えてくださった恵みの重さに、私の目を開いてください」

10

1月10日 —— 1・24〜26

「すべての人の心をご存知である主よ」

主がどのような方であるかが、私たちの信仰の歩みを決定づけます。第一に、主は「すべての人の心をご存知である」方です。第二に、主はだれがユダに代わる者としてふさわしいか、すでにお選びになっているということです。十二使徒を選んだのは主です（ルカ6・12〜16）。ユダに代わる者をお選びになるのも、主ご自身です。

主のみこころを知るために、今でも「くじ」は有効なのでしょうか。

祈り「主は私たちの心をご存知の上で、最善をなさる方です」

11

1月11日 ―― 2・1〜4

「すると皆が聖霊に満たされ」

いよいよ「父の約束」が実現する時が来ました。弟子たちが心を一つにして祈っていると、聖霊が一人ひとりの上にとどまりました。彼らはどうなったでしょうか。「御霊が語らせるままに、他国のいろいろなことばで話し始め」ました。地の果てまでイエスさまの復活の証人となるという働きは、聖霊の臨在と力によって始まりました。

弟子たちが聖霊に満たされたときの様子を想像してみましょう。どんな気づきがありましたか。

祈り「父よ、聖霊なる神の臨在と力によって、主を証しさせてください」

12

1月12日 ―― 2・5〜8

「呆気にとられてしまった」

主はバベルで全地の話しことばを混乱させました（創世11・1〜9）。ペンテコステ（五旬節）の時には、聖霊によってことばの壁が取り除かれました。そこに集まっていたユダヤ人たちは、「それぞれ自分の国のことば」で弟子たちが「神の大いなるみわざ」（11節）を語るのを聞きました。人々はただ呆気にとられるだけでした。

呆気にとられるほどの神さまの不思議なわざを見たり、聞いたりしたことがありますか。

祈り「主よ、あなたの全能の御手のわざはあまりに不思議すぎて、私たちを圧倒します」

13

1月13日 ―― 2・9〜11

「私たちのことばで神の大きなみわざを」

弟子たちが他国のことばで語っていたのは、「神の大きなみわざ」でした。弟子たちが聖霊によって他国のことばを話したのは、イエスさまによってなされたみわざを語るためでした。これを聞いた人々は、自分の国にこの証しを持ち帰って伝えたことでしょう。
一つの証しが大きな広がりを見せた例がないか探してみましょう。
祈り「主よ、聖霊によって、私の小さな証しを大きく用いてください」

14

1月14日 ―― 2・12～13

「嘲る者たちもいた」

「神の大いなるみわざ」を見聞きして驚いても、それですぐに悔い改めたり、信仰を持ったり、神をほめたたえるとは限りません。「新しいぶどう酒に酔っているのだ」と言って嘲る者もいました。心が悔い改めに導かれるためには、ペテロの説き明かしが必要でした。
信仰生活の中で、「いったい、これはどうしたことか」と思った経験がありますか。
祈り「主よ、私を、みわざを見て嘲るのではなく、賛美する者としてください」

15

1月15日 ―― 2・14～15

「あなたがたが思っているように」

ペテロは、聖霊が下った出来事を見た人々が当惑したり、嘲るままにしておきませんでした。何が起こったのか、そのことにどういう意味があるのか、預言書のみことばに基づいて説明を始めました。同じ出来事を見ていても、捉え方が違ったり、誤解することがよくあります。ですからペテロの説き明かしが必要だったのです。
信仰に関わることで、あなたが誰かにはっきり説明しなければならないことはないでしょうか。
祈り「聖霊によって私が主を正しく証しする力を与えてください」

16

1月16日 ―― 2・16～18

「すべての人にわたしの霊を注ぐ」

聖霊が注がれた出来事は、ヨエル2・28～32の成就でした。終わりの日に、聖霊が神の民すべてに与えられるという約束が、今成就したのです。聖霊によって、神の民は預言し、主キリストを宣べ伝え、神の民の群れである教会が造り出されていくのです。

教会の一人ひとりに聖霊が注がれている恵みを思い巡らしましょう。

祈り「主よ、一人ひとりに与えられた聖霊を通して働いてください」

17

1月17日 ―― 2・19～21

「主の御名を呼び求める者はみな救われる」

ヨエルの預言を通して、ペテロは主の日、すなわち主がさばきを行う終わりの日について語ります。その日には天でも地でも不思議としるしが現れます。実はイエスさまの誕生、生涯、十字架、復活、召天、そして御霊が注がれた出来事を通して、すでに終わりの時が始まっているのです。悔い改めて主を信じる者は救われます。「主の御名を呼び求める」とはどういうことでしょうか。

祈り「主よ、私はあなたの御名を呼び求めます」

18

1月18日 ―― 2・22～24

「あなたがたは……十字架につけて殺したのです」

ペテロは三つのことをはっきり語りました。(1)神さまはイエスさまによって「不思議としるし」を行いました。(2)イスラエルの民は、神が承認したキリストであるイエスさまを、十字架につけて殺しました。これは「神が定めた計画と神の予知」によることでした。(3)しかし神は、イエスさまを死からよみがえらせました。

22～24節の中で、あなたが一番印象に残ったのはどこですか。

祈り「人々が十字架につけて殺した主イエスさ

まを、神はよみがえらせました」

19

1月19日 ―― 2・25〜28

「主が私の右におられるので」

イエスさまの復活を語るペテロは、ダビデによる詩篇16・8〜11を引用します。主がともにいてくださり、守ってくださることを、この箇所は語っています。「私はいつも、主を前にしています」とあるように、主の臨在をいつも覚え、主がともにいてくださるとき、私たちは揺るがされることがなく、喜びに満たされます。

「主を前にしています」とは、私たちにとって具体的にどうすることでしょうか。

祈り「主よ、あなたのご臨在が私を守り、喜びで満たしてください」

20

1月20日 ―― 2・29〜31

「キリストの復活について」

ペテロは引用した詩篇16篇の意味について説き明かします。父祖ダビデは死んで葬られ、墓も残っています。ダビデの子孫から王座に着く者が現れると、神は誓いました（詩篇89・3〜4、132・11）。このダビデの子孫である王は、復活を通してご自分が王でありメシアであることを明らかにします。

Ⅱサムエル7・12〜16を読みましょう。何に目が留まりましたか。

祈り「主はダビデの主、復活したキリスト、王の王です」

21

1月21日 ―― 2・32〜33

「約束された聖霊を御父から受けて」

ここでペテロは説教の大切なまとめをします。

(1)神がイエスさまをよみがえらせました。(2)使徒たちは、イエスさまが復活したことの証人です。(3)復活したイエスさまは、御父の右に上げられました。(4)イエスさまが、約束の聖霊を御父から受けて、注いでくださいました。このことを人々は目にし、耳にしているのです。

この箇所で、三位一体の神について、どんなことがわかりますか。

祈り「御子を復活させた父よ、御霊のいのちで私を満たしてください」

22 1月22日 ―― 2・34～36

「主は、私の主に言われた」

詩篇110・1を引用して、ペテロは説教を締めくくります。ダビデが「私の主」と呼ぶ方は、主なる神の右の座に着く方です。そして天の御座から王として支配する方です。イスラエルの民がイエスさまを十字架につけたということは、彼らの神が「主ともキリストともされた」方を十字架につけたということなのです。

主であるキリストを十字架につけたのは、イスラエルの民だけの罪でしょうか。あなたはそこにどう関わっているのでしょうか。

祈り「イエスさま、私もあなたを十字架につけた者の一人です」

23 1月23日 ―― 2・37～39

「悔い改めて」

説き明かしを聞いて心刺された人々に対して、ペテロは罪が赦されるために、二つのことを命じました。第一に、悔い改めです。罪を悔いて、神に対して態度と生き方を方向転換することです。第二に、イエスの御名によってバプテスマを受けることです。罪を悔い改め、イエスさまを主と信じた者は、バプテスマを受けるのです。

「罪が赦されるためにバプテスマは必要ですか」

と尋ねられたら、何と答えますか。

祈り「主よ、○○さんが悔い改めとバプテスマに至りますように」

24 1月24日 ―― 2・40〜41

「この曲がった時代から救われなさい」

ペテロはほかにも多くのことを証しし、警告しました。救いに関わる重要なことが問題になっていたからです。主であり救い主であるキリストを受け入れない時代や社会から、救われなければなりません。その日、神のことばを受け入れた人が三千人ほどバプテスマを受け、仲間に加えられました。聖霊の力の現れです。

私たちにとって「曲がった時代」から救われるとは、どうすることでしょうか。

祈り「主よ、私を主に救われた者として、社会の中を歩ませてください」

25 1月25日 ―― 2・42

「教え」「交わり」「パン」「祈り」

この時キリストを信じた人たちは、この四つのことをいつも、熱心に行うようになりました。(1)使徒たちの教え（私たちにとっては聖書のことば）を熱心に聞き、守りました。(2)必要や重荷を分かち合い、親しい交わりをしました。(3)パンを裂いて食事をし、主を覚えました。(4)熱心に宮や家で祈りました。

あなたはこの四つにどうあずかっていますか。吟味しましょう。

祈り「主よ、私たちを、教え、交わり、礼拝、祈りに熱心な群れとしてください」

26 1月26日 ―― 2・43〜45

「信者となった人々はみな一つになって」

信仰をもたない人たちは、恐れに満たされました。それとは対照的に、信仰をもった人たちは、心を一つにして、愛に満たされていました。その愛から、持ち物を共有し、必要を満たすという行いが生まれました。全員が全部の持ち物を手放したのではなく、家が交わりのために使われていました（46節）。共有は自発的なものでした。

このような共有を私たちにどのように当てはめることができるでしょうか。

祈り「主よ、あなたから与えられたものを分かち合う幸いを、私たちに教えてください」

27

1月27日 ―― 2・46～47

「喜びと真心をもって」

私たちは、「毎日」教会に集まりたいでしょうか。信じた者たちは、毎日、心を一つにして宮に集まり、家々でパンを裂き、食事をともにし、神を賛美し、民全体から好意を持たれていました（あるいは、民に対して好意を持っていました）。その原動力はどこにあったのでしょうか。彼らは「喜びと真心」によって歩んでいたのです。

私たちは、どうしたらこの「喜びと真心」を自分のものにできるでしょうか。

祈り「主よ、聖霊によって私に『喜びと真心』を与えてください」

28

1月28日 ―― 3・1～3

「午後三時の祈りの時間に」

ペテロとヨハネは、「午後三時の祈りの時間」に宮に上って行きました。当時は毎日二回（朝早くと午後の三時）に犠牲がささげられていました（出エジプト29・38～41参照）。その時に会衆の祈りも行われました。ペテロとヨハネは、「イエスさまの十字架によって救われたのだから、宮で祈らなくてもいい」とは考えませんでした。

どう関わったらいいか困っている（迷っている）日本の習慣がありますか。

祈り「主よ、日本の習慣に対処する知恵を私に与えてください」

29

1月29日 ――― 3・4～6

「私たちを見なさい」

生まれつき足の不自由なこの人を、ペテロはキリストの名によって癒やそうとしました。彼は「何かもらえると期待して」いました。信仰はあったのでしょうか。ここで分かることは、「治してください」と彼が求めていなくても、ペテロのほうから彼に目を留めて、癒やしを行ったことです。神の一方的な愛と恵みが、この人に及んだのです。

ペテロと同じように、私たちもキリストの名によって、病気や体の不自由が癒やされることを祈ったほうがいいのでしょうか。

祈り「主はご自分から、弱い者に目を留めてくださり、みわざをなさる方です」

30

1月30日 ――― 3・7～10

「そして彼の右手を取って立たせた」

イエスの名によって立ちなさいと言われたとき、彼はどう思ったでしょうか。「イエスさまが私を治してくれる」と信じたでしょうか。何が起こるか心配だったでしょうか。いずれにしても、ペテロが右手を取って立たせたとき、たちまち彼は足に力が入り、立ち上がりました。イザヤ35・6に描かれた回復のわざが、今起こりました。

想像してみましょう。イエスさまはあなたの右手を取って、何をさせようと（どこへ導こうと）思っておられるでしょうか。

祈り「主よ、私の右手を取ってあなたのみわざをなしてください」

31

1月31日 ――― 3・11～12

「自分の力や敬虔さによって」

この人が歩けるようになったのを見て驚いた人々は、ペテロとヨハネのもとに殺到しました。おそらく、このような奇跡は神のわざだと分かっていても、ペテロたちの力や敬虔さのゆえに、この癒やしが行われたのだ、と考えていたのかもしれません。ペテロは、自分の力や敬虔さによってこの人が癒やされたのではないと明言します。

あなたが神さまよりも人を見ている点がないか、吟味しましょう。どんな思いに導かれましたか。

祈り「主よ、あなたが人のうちにどう働いているか、見分ける目を私に与えてください」

32

2月1日 —— 3・13〜15

「いのちの君を殺したのです」

続けてペテロは、イエスさまがどのような方であるかを語ります。アブラハム、イサク、ヤコブの神であるイスラエルの父祖たちの神が栄光を与えた方、聖なる正しい方、いのちの君、それがイエスさまです。この方をイスラエルの人々は拒み、殺しました。しかし、神はこのイエスさまを死者の中からよみがえらせました。

「いのちの君」と聞くと、福音書に記されたイエスさまのどのようなことを思い出しますか。

祈り「いのちの君よ、あなたのいのちで私を生かしてください」

33

2月2日 —— 3・16

「このイエスの名が」

二つの大切なことをペテロは語ります。第一に、イエスさまの名が（すなわち、イエスさまご自身が）この人を癒やしたのです。名はその人自身を表すからです。第二に、イエスさまの名を信じる信仰が、この人を癒やしました。「イエスによって与えられる信仰」とあるように、ペテロたちによって、この人の信仰は導かれたのです。

イエスさまの名前の力を経験したことがありますか。自分の経験から、あるいは聖書の中から挙げてみましょう。

祈り「主よ、あなたの御名は全地にわたり、なんと力に満ちていることでしょう」（詩篇8・1参照）

34

2月3日 —— 3・17〜19

「ですから、悔い改めて神に立ち返りなさい」

イエスさまがどのような方であるかを知らなかったとしても、イスラエルの民はイエスさまを拒んだ罪を「悔い改めて神に立ち返」らなければなりません。悔い改めるとは、自分が犯した罪を認めるだけではありません。神に立ち返って、心から変えられ、新しい生き方を始めることを含みます。これは聖霊の力によることです。

信じた後でも、信じる前と同じ罪を犯すことがあります。なぜでしょうか。どうしたらいいのでしょうか。

祈り「主よ、私を悔い改め、新生した者として歩ませてください」

35

2月4日 ―― 3・20～21

「万物が改まる時まで」


イエスさまが再び来られるとき、万物が改まります。これは預言者たちが語っていたことです。イスラエルの民が、キリストであるイエスさまを拒んだ罪を悔い改めるとき、イエスさまは戻って来られます。復活の福音が語られ、聖霊が与えられ、生まれつき足の不自由な人が癒やされたことは、終わりの時が始まったしるしなのです。

キリストの再臨について、最近どのようなことを考えましたか。

祈り「主よ、私が再臨と復活の希望を見失わないように、守ってください」

36

2月5日 ―― 3・22～24

「私のような一人の預言者」


ペテロは申命18・15～19に言及します。やがてモーセのような一人の預言者が起こされ、その預言者が告げることに聞き従わなければならないこと、そうしないなら不従順の責任が問われ、神の民から断ち切られるのです。イエスさまこそこの預言者です。イスラエルの人々はイエスさまを信じて従うかが問われています。

あなたが今、特に聞き従わなければならないみことばは何でしょうか。

祈り「主よ、私をあなたのみことばに聞き従う者としてください」

37 2月6日 ―― 3・25～26

「預言者たちの子」「契約の子」

最後にペテロは、イスラエルの人々が預言者の約束した祝福を受ける者であり、神がアブラハムと結んだ契約に基づく祝福を受け継ぐ者であると語ります。しかし、この祝福を受けるために必要なことがあります。神が遣わした方であるイエスさまに立ち返ることです。キリストこそ私たちを悪から祝福へと導いてくださる方です。

神がアブラハムと結んだ契約と、あなた自身はどういう関係があると思いますか。

祈り「主よ、私が主の祝福を受けた者として、人を祝福する者としてください」

38 2月7日 ―― 4・1～4

「苛立ち」

神の癒やしのわざが行われたのに、祭司たち、宮の守衛長、サドカイ人たちは「苛立ち」ました。なぜでしょうか。サドカイ人たちは死者の復活を否定していました。自分の考えと違うことを主張する人に対して、私たちは苛立ちます。苛立ちを覚えるとき、それがどこから来ているのか、主の前に静まって吟味しなければなりません。

あなたは最近、苛立ったことがありますか。何に対してですか。主はその苛立ちについて何と言っているでしょうか。

祈り「主よ、私が苛立つとき、あなたの平安で満たしてください」

39 2月8日 ―― 4・5～7

「大祭司アンナス、カヤパ」

ペテロとヨハネの尋問が始まりました。そこに集まったのは民の指導者たち、長老たち、律法学者たちでした。大祭司アンナスやカヤパを含む大祭司の一族もみな出席しました。彼らは主イエスさまをさばき、十字架にかけた人たちです。主のわざを行った使徒たちは、主を拒んだ人たちによって、同じように尋問を受けたのです。

「私は今、イエスさまと同じ経験をしているんだ」と思ったことがありますか。

祈り「主よ、私を主の歩んだ道を一歩ずつついて行く者としてください」

40 2月9日 —— 4・8〜10

「ペテロは聖霊に満たされて」


民の指導者たちの前で語るペテロは、3章で語ったときよりももっと厳しい状況に置かれていました。しかし、ペテロは大胆に語りました。どうしてでしょうか。聖霊に満たされたからです。ペンテコステの日に聖霊が下ったペテロは、その聖霊によって恐れることなく、イエスさまの名の力を証ししました。

あなたがすぐにでもイエスさまを証ししたい人は、だれですか。

祈り「主よ、私が証しするとき、聖霊によって力づけてください」

41 2月10日 —— 4・11〜12

「天の下でこの御名のほかに」


ペテロは、イエスさまこそが神のお与えになった「救われるべき名」であると語りました。イエスさま以外に救いはないと言うと、世の人は狭い見方だと考えます。しかし、イエスさまは御父が遣わした比類なき救い主なのです。イエスさま以外に神に至る道はないことを大胆に、しかも謙遜に確信しましょう（ヨハネ14・6参照）。

「キリスト以外に救いはないという考えは狭い」

という人に、どう証ししたらいいでしょうか。

祈り「救い主イエスさま、あなた以外に救いはありません」

42

2月11日 —— 4・13～15

「彼らはペテロとヨハネの大胆さを見」

指導者たちの目にペテロとヨハネはどのように映ったでしょうか。まず、彼らが聖霊の力によって大胆に証しする姿です。次に、二人がラビの下で正式に学んだことのない「無学な普通の人」であることです。しかし、二人はどのラビよりも優れた方である「イエスとともにいた」のです。

聖霊の力が働けば、私たちは聖書を学ばなくてもいいのでしょうか。

祈り「主よ、私を、聖書を熱心に学び、大胆に語る者としてください」

43

2月12日 —— 4・16～17

「われわれはそれを否定しようもない」

指導者たちは、ペテロとヨハネが行った「著しいしるし」を「否定しようもない」と認めました。それでは彼らは「だから、イエスは神の子キリストだったんだ」と認めたでしょうか。いいえ。これ以上イエスの名を広めないように、二人を脅しました。否定しようもない神のわざが行われても、彼らはそれを否定しようとしました。

あなたの周りに、「これは神が行ったことだ」と受け入れなければならないことがないでしょうか。

祈り「主よ、あなたのみわざを受け入れる素直な心を、私に与えてください」

44

2月13日 —— 4・18～20

「神の御前に正しいかどうか」

「神の御前に正しいかどうか」ということが、どれだけ私たちの判断基準になっているでしょうか。イエスの名によって語ってはならないという指導者たちの命令に聞き従うことは、神に逆らうことでした。どんな犠牲が伴っても、イエスさまの十字架と復活を語ることこそ、神の御前に正しいことだ、とペテロは判断したのです。

あなたが今、「神の御前に正しいかどうか」と考えなければならない問題は、何ですか。

祈り「主よ、私を御前に正しい道を選ぶ者としてください」

45

2月14日 ―― 4・21〜22

「**二人をさらに脅したうえで釈放した**」

ここで民衆の姿と指導者の姿が対比されています。民衆はこの癒やしの出来事のゆえに、神をあがめていました。しかし指導者たちは、神の御前に何が正しいかも判断せず、イエスの名によって語ってはならないとさらに脅して、二人を釈放しました。四十年以上歩けなかった人が癒やされたのですから、神をほめたたえるべきでした。

あなたの周りに、神をほめたたえるべきみわざを探しましょう。

祈り「主よ、私の周りにあるあなたのみわざに、私の目を開いてください」

46

2月15日 ―― 4・23〜24

「**これを聞いた人々は心を一つにして**」

ここにペテロとヨハネをはじめとする初代教会が、心を一つにしていた姿が描かれています。釈放された二人が仲間のところへ行き、彼らの受けた仕打ちを残らず報告しました。これを聞いた人々は「心を一つにして」神に祈りました。このように、初代教会の人々は互いに心を一つにし、祈りによって神と一つにつながっていました。

あなたが兄弟姉妹に話し分かち合う必要がある

ことは、何ですか。

祈り「主よ、私たちの教会を、互いの重荷を分かち合う群れとしてください」

47

2月16日 ―― 4・25～28

「あなたの御手とご計画によって」

ここで初代教会の祈りは、驚くべき調和の告白となります。ダビデは、異邦人たちや王たちが主に油注がれた者に対して反逆する、と語りました。そのことは、ヘロデとピラトがイエスさまに対して行ったときに実現しました。神の「御手とご計画」によって、起こるように前もって定められていたことは、必ず実現するのです。

あなたは自分のしたことが、「主の御手とご計画によることだった」と実感した経験がありますか。

祈り「主よ、あなたの御手とご計画を、私の人生に現してください」

48

2月17日 ―― 4・29～31

「大胆に語らせてください」

脅かしを受けたとき、弟子たちは何を祈ったでしょうか。脅かしがなくなることでしょうか。いいえ。イエスさまのみことばを「大胆に」語る力が与えられることでした。弟子たちは、大胆な性格だったから大胆に語ったのではありません。父なる神さまが聖霊によって力を与えてくださったからこそ、大胆に語ったのです。

あなたはどんな点で大胆さが必要だと思いますか。

祈り「主よ、聖霊によって、主の働きを大胆に行う力を私に与えてください」

49

2月18日 ―― 4・32～33

「大きな恵みが彼ら全員の上にあった」

神が聖霊によって建て上げる教会には、四つの特徴がありました。⑴心と思いを一つにしていたこと。⑵自分が所有しているものを、すべて共有していたこと。⑶主イエスの復活を大きな力をもって証ししていたこと。⑷大きな恵みが彼ら全員の上にあったことです。義務感ではなく、御霊が与える愛がこのような交わりを生み出しました。

四つの特徴のうち、あなたが最も必要なものはどれですか。

祈り「主よ、御霊による真の交わりのうちを私たちに歩ませてください」

50 2月19日 —— 4・34～37

「バルナバ（訳すと、慰めの子）」


バルナバはレビ人であり、社会的にも宗教的にも高い地位にありました。彼も「所有していた畑」を売って、教会の必要のために使徒たちにささげました。やがてバルナバは異邦人伝道で中心的役割を果たすことになります。互いを支える交わりと福音宣教という二つの大切な教会の働きは、彼のような人々によって前進しました。

交わりと伝道について、主はあなたに何を語っているでしょうか。

祈り「主よ、交わりと伝道というあなたの働きのために、私を用いてください」

51 2月20日 —— 5・1～3

「なぜあなたはサタンに心を奪われて聖霊を欺き」


外から攻撃を受けていた教会は、愛の交わりによって神の恵みを経験していました。その交わりを、教会の内側から破壊する出来事が起こりました。アナニアとサッピラが、「サタンに心を奪われて聖霊を欺」いたのです。代金の一部を自分のために取っておいたのにすべてをささげたふりをすることは、人ではなく神を欺く行為です。

あなたが「サタンに心を奪われて」いることが

ないか、祈りの中で探りましょう。

祈り「主よ、私の心がサタンに奪われないように守ってください」

52

2月21日 ―― 5・4〜6

「あなたの自由になったではないか」

初代教会に「持ち物をすべて売って、献金しなければならない」という決まりがあったわけではありません。持ち物を共有することは、自発的なものでした。アナニアにもこの自由がありました。しかし彼は、神に対して誠実であるよりも、人の目に立派に映ることを求めたのです。アナニアの死を通して、大きな恐れが生じました。

主はどんなことで、あなたの自発性を求めているでしょうか。

祈り「主よ、私に自分から喜んで分かち合う心を与えてください」

53

2月22日 ―― 5・7〜8

「三時間ほどたって」

夫の死を知らなかったとしても、サッピラは「嘘をつくのはやめよう」と我に返るチャンスが、この三時間の間に十分あったはずです。どうして悔い改めなかったのでしょうか。もしかしたら、二人は日常的にごまかすことが多かったのかもしれません。人を欺くことは神を欺くことだ、という意識が麻痺していたのかもしれません。

どうしてペテロは（そして神さまは）、サッピラが悔い改めるように導かなかったのでしょうか。

祈り「主よ、あなたに罪を犯さないように、私に悔い改める心を与えてください」

54

2月23日 ―― 5・9〜11

「心を合せて主の御霊を試みたのか」

心を合せて主の御霊を試みた――これほど恐ろ

しいことは、ほかにあるでしょうか。「心と思いを一つにして」いく中で、教会は成長していました（4・32）。教会を欺くことは、この一致を壊すことであり、教会の交わりのうちに臨在する神を欺くことなのです。この箇所は、教会に欠かすことのできない聖さと誠実さを教えています。

教会全体に「大きな恐れ」が生じました（5・11）。今の教会にこのような恐れがありますか。それはなぜでしょうか。恐れは必要でしょうか。

祈り「主よ、私たちの教会をあなたの聖さにあずかる群れとしてください」

55 2月24日 ―― 5・12～14

「民は彼らを尊敬していた」

教会は神の聖めを経験しながら（5・1～11）、主を信じる者たちの数がますます増えていきました。使徒たちの手によって、「多くのしるしと不思議」が行われました。ところで、人々はしるしと不思議を見たから信じたのでしょうか。しるしと不思議は、語られたことばが神から出たことばであり、真実であることを証しするものです。民が使徒たちを尊敬していた理由は、何だと思いますか。

祈り「主の御力とみことばによって、信じる者を増し加えてください」

56 2月25日 ―― 5・15～16

「ペテロが通りかかるときには」

この記事を読んでどう思いましたか。「ペテロはすごいなあ」と思ったでしょうか。いいえ。ペテロがしていることはイエスさまと同じだ、ということです。イエスさまと同じことを、ペテロはしたのです（マルコ6・55～56）。言い換えると、イエスさまは弟子たちを通して、ご自分の働きを続けておられるのです。

ペテロがあなたの町に来て、近くを通りかかったら、あなたならどうしますか。

祈り「主よ、私は病の癒やしを求めます。それ以上に主を慕い求めます」

57

2月26日 ―― 5・17～20

「ねたみに燃えて立ち上がり」

使徒たちの影響力が増す中で、大祭司とその仲間たちはみな、「ねたみに燃えて立ち上がり」ました。すなわち、使徒たちを封じ込める直接行動に出ました。しかし、彼らは宗教指導者ですから、本来なら、「ねたみに駆られて行動してはいけない。ねたみを治めなければならない」という態度を取らなければならなかったはずです。

ねたみを覚えたとき、どう対処したらいいでしょうか。

祈り「主よ、私をあなたの愛で満たし、ねたみから解放してください」

58

2月27日 ―― 5・21～23

「イスラエルの子らの全長老会を召集し」

大祭司とその仲間たちは、自分たちの持つあらゆる力と手段を用いて、使徒たちの働き（すなわち神の働き）を抑え込もうとしました。牢獄に鍵をかけ、番人が見張り、最高法院で圧力をかけました。しかし、使徒たちが「いのちのことば」（5・20）を語るのを全力で阻止しようとする人間のこのような営みも、神の前では無力でした。あなたは、全力で神の働きに抵抗していることはありませんか。

祈り「主よ、私の心が主の思いに抵抗するとき、その愚かさに私の目を開いてください」

59

2月28日 ―― 5・24～26

「人々に石で打たれるのを恐れたのである」

祭司長たちが使徒たちのことで当惑している様

子が、よく伝わってきます。彼らは神のみわざが行われても目を背け、使徒たちをねたみ、力ずくで抑え込もうとしました。しかも状況は、彼らの思惑とは正反対の方向に進みます。彼らの暴走を抑える力は、「人々に石で打たれる」のではないかという、人を恐れる思いだけでした。

物事が自分の思惑とは正反対の方向に行った経験がありますか。なぜそうなったのだと思いますか。

祈り「主よ、祭司長たちは信仰深さを装っていましたが、実は人を恐れていました。これは私の姿です」

59′ 2月29日 ―― 5・24～26

「いったいどうなることかと」

ここで、宮の守衛長と使徒たちとの対比が際立っています。宮の守衛長は、使徒たちのことがこれからどうなっていくのかと、当惑の度を深めます。その一方で使徒たちは、宮の中に立って正々堂々と人々を教えました。主の使いによって語られたことば（すなわち主のことば）に従うとき（5・20）、大胆さが与えられたのです。

あなたの導きや支えとなっているみことばはどのみことばですか。

祈り「主よ、私が困難に直面するとき、みことばによって支えてください」

60 ３月１日 ―― ５・27～29

「あの人の血の責任を」

「人に従うより、神に従うべきです」と確信する使徒たちを、大祭司が恐れていたことがよく分かります。使徒たちは、エルサレム中に教えを広め、イエスさまの血の責任は大祭司たちにあると語りました。大祭司たちは民衆の支持を失うこと、そしてイエスさまを十字架にかけた罰を神から受けることを恐れていたのかもしれません。

あなたが「神の罰を受ける」と恐れていることはありませんか。

祈り「主よ、私を、人ではなく主を恐れ従う者としてください」

61 ３月２日 ―― ５・30～32

「私たちの父祖の神は」

続けてペテロは、「私たちの父祖の神は……」「神は、イスラエルを……」と言って、神が何を行ったかを語ります。大祭司たちが殺したイエスさまを、神はよみがえらせました。神は、終わりの時に、イスラエルを悔い改めさせ、罪の赦しを与えてくださいます。神がなさったみわざこそ、私たちが目を注ぎ、証しするものなのです。

神はあなたの人生や生活の中でも、どのようなみわざをなさっているでしょうか。

祈り「主よ、私の人生と生活の中に現された主のみわざに、私の目を開いてください」

62 ３月３日 ―― ５・33～34

「ガマリエルというパリサイ人が」

大祭司たちは、ペテロたちの証しを聞いて「怒り狂い」ました。それは、心をのこぎりで引き切られるほどの激しさでした（33節欄外注参照）。使徒たちを殺さないではいられないほどの激怒でした。ここでガマリエルが登場します。彼は大祭司たちとは対照的な人物です。「民全体に尊敬されて」いました。彼が彼らの暴走を止める役割を果たします。

あなたは何に対して激しい怒りを感じていますか。その怒りはどこから来るのでしょうか。祈って主に探っていただきましょう。

祈り「主よ、あなたこそ、私たちが受けるべきすべての怒りを、代わりに受けてくださる方です」

63

3月4日 —— 5・35～37

「この者たちをどう扱うか」


使徒たちを殺そうとする大祭司たちに対して、ガマリエルは冷静で知恵のある対応を語ります。まず、今までの反乱者の例を挙げて、彼らが結局失敗に終わり、跡形もなくなったことを思い出させます。過去の出来事を冷静に考えるように訴えました。律法の教師であったガマリエルの意見には、旧約聖書の知恵が反映されていました。

あなたには、「聖書の知恵がほしい」と思っている問題がありますか。

祈り「主よ、〇〇にどう対処したらいいか、主の知恵を与えてください」

64

3月5日 —— 5・38～39

「手を引き、放っておきなさい」


もし使徒たちの行動が人間から出たものなら、自滅します。しかし、神から出たものなら、最高法院が神に敵対する者になってしまいます。ガマリエルは、使徒たちがしていることが神から出たものかどうかを確かめる、というところまでは踏み込みませんでした。それでも彼の提案は、使徒たちを殺そうとする動きを阻止しました。

放っておくべきでないのに、放ってあることがないでしょうか。

祈り「主よ、放っておくかどうかを見極める目を、私に与えてください」

65

3月6日 ―― 5・40〜42

「**御名のために辱められるに値する者とされた**」

結局使徒たちは、三十九度のむちを受け、釈放されました。彼らは「こんなに痛い思いをするのだったら、もうイエスさまのことを証しするのは控えよう」と考えたでしょうか。いいえ。「御名のために辱められるに値する者とされたこと」を喜びました。キリストを信じる者は、多くの恵みとともに、苦しみをも賜っているのです。

弟子たちはどうして苦しい目にあっても喜べたのでしょうか。

祈り「私がキリストのゆえに苦しみにあうとき、御霊が私の上にとどまって支えてください」（Iペテロ4・13〜14参照）

66

3月7日 ―― 6・1

「**苦情**」

心と思いを一つにし、持ち物すべてを共有していた教会、宗教指導者からの敵対を受けても大胆にイエスさまのことを宣べ伝えた教会に、「毎日の配給」について問題が起こりました。一見すると、配給は信仰に直接関係がないことのように思えます。しかし、愛の配慮に関することですから、教会のいのちに関わることです。

あなたは教会の中で、どのような愛の配慮ができるでしょうか。

祈り「主よ、愛のない私を、愛の配慮をする者としてください」

67

3月8日 ―― 6・2〜4

「**御霊と知恵に満ちた、評判の良い人たちを**」

やもめに対する配給の問題を解決するために、

十二人は「御霊と知恵に満ちた、評判の良い人たち」を七人選ぶように提案しました。教会内の対立に対処し、愛の配慮を行き届かせるためには、御霊に導かれ、知恵を用いていく必要があります。そこには、人の評価を気にして得たものとは全く異なる、良い評判が起こります。

御霊と知恵と良い評判の三つは調和しています。私たちはどうしたら、この三つを兼ね備えることができるでしょうか。

祈り「主よ、私を、御霊と知恵に満ちた、評判の良い者としてください」

68

3月9日 ―― 6・5～7

「神のことばはますます広まっていき」

配給の問題の結論は、「七人を選んだので、問題は解決しました」ということでしょうか。いいえ。神のことばがますます広まっていき、エルサレムで弟子の数が非常に増えたということでした。

教会が弱い立場の人にも愛の配慮をすること、そしてみことばと祈りを何よりも重んじるときに、信仰に入る者が増し加えられました。

そもそも配給をめぐるこの問題は、予防できなかったのでしょうか。

祈り「主よ、私たちの愛の配慮とみことばへの熱意を、増し加えてください」

69

3月10日 ―― 6・8～9

「ステパノは恵みと力に満ち」

七人のうちの一人ステパノは、「恵みと力に満ち」ていました。恵みとは、神の愛と好意を受けているということです。神の恵みが彼の力の源でした。神の恵みと力はステパノに満ち満ちて、彼一人にとどまらず、あふれ出ました。彼が行った「大いなる不思議としるし」は、神の恵みと力の現れでした。

神の恵みと力に満たされるために、私たちは何が必要でしょうか。

祈り「主よ、私はあなたの恵みと力が必要です。満たしてください」

70

3月11日 —— 6・10〜12

「知恵と御霊に対抗することは」

リベルテンの会堂の人たちは、「知恵と御霊」によって語るステパノに対抗することができませんでした。本当なら、「ステパノは知恵と御霊によって語っていたんですね。旧約聖書の真理がやっと分かりました」と言わなければなりません。実際にはその逆でした。ステパノがモーセと神を冒瀆していると言って民衆を扇動しました。

あなたが知恵と御霊に対抗しようとしていることはないでしょうか。

祈り「主よ、私があなたの知恵と御霊に抵抗しないように、導いてください」

71

3月12日 —— 6・13〜15

「彼の顔は御使いの顔のように見えた」

偽りの証人たちは、ステパノが神殿とモーセの律法に逆らうことばを語っている、と訴えました。十戒は「偽りの証言をしてはならない」と命じています（出エジプト20・16）。主と話したモーセの顔が輝きを放ったように（同34・29）、ステパノの顔は御使いのように見えました。偽りの証言をする者こそ、モーセに反する者なのです。

あなたは「御使いの顔」のような人に会ったことがありますか。

祈り「主よ、たとえ私が悪意にさらされても、あなたとの交わりのうちに私を保ってください」

72

3月13日 —— 7・1〜3

「わたしが示す地へ行きなさい」

ステパノは、イスラエルの民が共通してあがめる父アブラハムから話し始めます。栄光の神が彼に現れて、住み慣れた土地と親族を離れて、神が示す地に行くようにと召されました。アブラハムは、示された地を目指して旅人そして寄留者となりました。「地のすべての部族は、あなたによって祝福される」という約束とともに（創世12・3）。神さまがあなたに示している「新しいこと」は、何でしょうか。

祈り「栄光の神よ、私をもあなたが示す『地』に導いてください」

73

3月14日 ―― 7・4〜5

「まだ子がいなかった彼に対して」

そして父テラの死後、アブラハムは神が示した地カナンに移りました。神はこの地を彼と彼の子孫に所有地として与えることを約束しました。ところがこのとき、アブラハムは二つの困難に直面していました。「足の踏み場となる土地さえも、相続財産として」彼に与えられなかったこと、そして彼には子どもがいなかったことです。

あなたは、「実現の方法は見えないけど、主が約束してくださったこと」と確信していることがありますか。

祈り「主よ、『望み得ない時に望みを抱く信仰』を私に与えてください」（ローマ4・18参照）

74

3月15日 ―― 7・6〜8

「この場所でわたしに仕えるようになる」

アブラハムの子孫はエジプトで奴隷になり、四百年後に神がエジプトをさばき解放されることがアブラハムに語られました（創世15・13〜14）。アブラハムの子孫たちはエジプトから解放された後、何をしなければならなかったでしょうか。神の契約の民として、神に仕えること、すなわち神を礼拝することでした（出エジプト3・12）。

私たちも神を礼拝するために救われました。そのためにできることを一つ挙げましょう。

祈り「主よ、私をあなたに仕え、礼拝する者として生かしてください」

75

3月16日——7・9～11

「族長たちはヨセフをねたんで」

聖書には、ねたみの破壊的な力が繰り返し描かれています（使徒5・17、13・45、17・5）。もちろん、ねたんだり、ねたまれたりすることがないように最善の注意をし、自分の心を見張らなければなりません。その一方で、ねたみの力の前に、私たちはほとんどの場合無力です。「神は彼とともにおられ」とあるように、ともにいてくださる神の助けと導きこそ、ねたみを克服する救いの道なのです。

今あなたは苦難に直面していますか。その苦難のどこに主がともにおられるか、祈り求めましょう。

祈り「主よ、私が苦難にあうとき、あなたがともにいてください」

76

3月17日——7・12～16

「ヤコブはエジプトに穀物があると聞いて」

二つのことを覚えましょう。ヨセフの兄弟たちのねたみが、神の摂理のうちに、ヤコブの親族全体の救いにつながりました（創世50・20）。ヤコブはエジプトに下り、そこで死にました。しかし、約束の地に葬られました。これはアブラハムに語られた約束がやがて実現する時が来ることを予示しているのかもしれません（使徒7・7）。

神の摂理を実感した経験がありますか。

祈り「主よ、あなたの摂理のわざに、私の目を開いてください」

77

3月18日 ―― 7・17～19

「約束の時が近づくにしたがい」

神がアブラハムに約束した時が近づくにしたがい、エジプトに寄留していたイスラエルの民は繁栄していったでしょうか。いいえ。ヨセフのことを知らない王が策略を巡らし、彼らを苦しめ、男子の赤ん坊をナイル川に捨てさせました（出エジプト1・22）。神の約束が実現する前に、イスラエルは最も暗く苦しい時期を過ごしたのです。

あなたは、苦しい時を通ることによって神の約束が実現した、という経験をしたことがありますか。

祈り「主よ、あなたの約束が実現する時まで、弱い私を支えてください」

78

3月19日 ―― 7・20～22

「この時、モーセが生まれたのです」（聖書協会共同訳）

イスラエルが最も暗く苦しい時期に、神の約束が実現し始めました。モーセが誕生したのです。モーセを無き者にしようとするファラオの力が働きました。しかし神は、彼を無き者にしようとしたファラオの娘を用いて、モーセを育てました。さらにエジプト人の学問を教え込むことによって、モーセを解放者として整えました。

神の約束があなたの周りで実現し始めていないか、見渡してみましょう。

祈り「主の約束は、それを押し殺そうとする力の中でも実現します」

79

3月20日 ―― 7・23～25

「彼らは理解しませんでした」

モーセは、シナイ山の荒野で主に出会った経験（7・30～34）よりも前に、神が彼を通してイスラエルを救おうとしておられることを（ある程度）

知っていたのかもしれません。そして同胞の民もそれを理解してくれると思っていました。しかし、現実はその逆でした。

モーセはどうして理解してもらえなかったのでしょうか。

祈り「主が兄弟姉妹を通して働くとき、それを理解する心を私に与えてください」

80

3月21日 ―― 7・26～29

「このことばを聞いたモーセは逃げて」

モーセが自分の同胞である兄弟を殺すつもりだったはずがありません。和解させようとしたのです。それでもこの同胞の一人の拒絶を受けて、モーセは逃げ、ミディアンの地で寄留者となりました。

あなたには、逃げようとしていることが何かありますか。

祈り「主よ、私が逃げたいと思うときに、どうすべきかお語りください」

81

3月22日 ―― 7・30～32

「四十年たったとき」

シナイ山の荒野において、「父祖たちの神」がモーセに現れました。モーセがエジプトを逃げ出してから「四十年たったとき」のことでした。この四十年間、彼はしゅうとイテロの羊を飼っていました（出エジプト3・1）。その間、彼がどのように信仰を保ち、主との交わりを持ち、イスラエルの救いを考えていたのかはわかりません。ただ、主に出会い、主に遣わされるために、この四十年が必要だったのです。

あなたの信仰の歩みの中で、長い年月がかかった（必要だった）という経験がありますか。

祈り「主よ、あなたは長い時間をかけて、私を整えてくださる方です」

82

3月23日 ―― 7・33～34

「わたしの民の苦しみを確かに見た」

ステパノは出エジプト3章に記された非常に重要なことをまとめています。第一に、主のおられる場所こそが「聖なる地」であるということです。エルサレムや神殿に限ったことではありません。第二に、主は、ご自分の民が苦しむのを確かに見ておられ、しかも救い出すために下って来てくださるということです。

「確かに見た」と主に言ってほしいあなたの苦しみは、何ですか。

祈り「主よ、あなたは私が苦しむとき、確かにそれを見て、ともにいてくださる方です」

83

3月24日 ―― 7・35～36

「人々が拒んだこのモーセを、神は……遣わされたのです」

二つのことを覚えましょう。第一に、人々が拒んだモーセを、神は「指導者また解放者」として遣わしました。第二に、神の救いと四十年の導きが、神が遣わした人モーセを通して行われたことです。モーセが「不思議としるし」を行ったということは、彼を拒んだ人々に対して、「任命したのはわたしだ」と神がお答えになった証拠です。

神が遣わした人を拒んでいないか、祈りの中で探ってみましょう。

祈り「主よ、あなたが遣わした人を、私が拒まないで受け入れられますように」

84

3月25日 ―― 7・37～38

「私たちに与えるための生きたみことば」

モーセは預言者であり、荒野の集会にいて、「私たちに与えるための生きたみことば」を神から授かりました。神の民であるイスラエルは、神から与えられた「生きたみことば」に従って生きなければなりません。神は、モーセのような「一人の預言者」を時至って起こされるのです。イエスさまこそ、その預言者なのです。

最近、兄弟姉妹と分かち合いたいと思った聖書箇所は、何ですか。

祈り「主よ、みことばを心で受け止めて、分かち合う者としてください」

85

3月26日 —— 7・39～41

「**エジプトをなつかしく思って**」


たとえば、昔のヒット曲をなつかしむことが悪いと言っているのではありません。エジプトをなつかしく思うとは、直訳すると「心の中でエジプトに向きを変え」るという意味があります（欄外注）。イスラエルの先祖たちは、神の民として神のことばに従うよりも、エジプトで自分の心を満足させていた偶像に心を奪われていたのです。

あなたの心の中に、「エジプト」をなつかしく思うのと同じ思いがないでしょうか。

祈り「主よ、私の心を『エジプト』ではなく、主を慕い求める心としてください」

86

3月27日 —— 7・42～43

「**そこで、神は彼らに背を向け**」


イスラエルの民は、自分たちをエジプトから救った神を礼拝するのではなく、子牛に始まる偶像礼拝の罪を繰り返しました。それに対して神はどのようなさばきを行ったでしょうか。彼らに背を向け、彼らが偶像に仕えるに任せました（ローマ1・24、26、28参照）。民が罪を犯すままにするということも、神のさばきなのです。

「罪を犯すままにする」という状態があなたの周り、あるいはあなたの心にないでしょうか。

祈り「主よ、罪を犯すままでいるという状態から、私を救ってください」

87

3月28日 ―― **7・44～46**

「あかしの幕屋」

イスラエルの民の中心にあったもの（あるべきもの）は、モレクの幕屋ではなく「あかしの幕屋」でした。幕屋の中心には契約の箱があり、箱の中には契約のことばが書かれた板が入っていました。神のことばがそこにあるとは、神がそこに臨在されるということです。この幕屋とともに、イスラエルは約束の地に入りました。

生活の中心に神のことばがあるために、あなたにできることは何でしょうか。

祈り「主よ、私の生活を、神のことばが中心にあるものとしてください」

88

3月29日 ―― **7・47～50**

「天はわたしの王座、地はわたしの足台」

ソロモンが神のために家、すなわち神殿を建てました。神殿は主の栄光と臨在が満ちている場所でした（Ⅰ列王8・10～13）。しかし、いと高き方である主は、人が手で造った家にはお住みになりません。主はエルサレムの神殿に縛られる方ではなく、神のことばなるイエスさまと、聖霊が内住する世界中の教会とともにおられる方です。

あなたの教会とともに主がおられることを、心の中で思い巡らしてみましょう。

祈り「天を王座とする主よ、あなたは私たちの教会に臨在する方です」

89

3月30日 ―― **7・51～53**

「心と耳に割礼を受けていない人たち」

ステパノはイスラエルの民の強情さを非難します。彼らは「いつも聖霊に逆らっていま」した。神が遣わした預言者を迫害し、ついにキリストを殺しました。神の契約の民であるはずの彼らが、なぜ神に逆らうのでしょうか。心と耳に割礼を受けていないからです。神のことばを心の底で受け止めず、細心の注意を払わなかったのです。どうしたら心と耳に割礼を受けた者として歩めるのでしょうか。

祈り「主よ、頑なな私を、心と耳に割礼を受けた者としてください」

90

3月31日 ―― 7・54〜56

「はらわたが煮え返る思いで」

イエスさまを殺したとして断罪された人々は、ステパノに対して激しい敵意を燃やしました。ステパノは彼らの殺意に気づかなかったのでしょうか。彼は「聖霊に満たされ」、神の右に立っているキリストを見ました。聖霊に満たされていたので、自分に向けられた殺意を乗り越えられたのかもしれません。あるいは殺意も色あせるほど、神の右にいるキリストに心を奪われていたのかもしれません。

あなたも、神の右におられるキリストを見たいですか。それはどうしてですか。

祈り「主よ、私が人の敵意を受けるとき、あなたの特別な恵みで私を覆ってください」

91

4月1日 ―― 7・57～58

「一斉にステパノに向かって殺到した」

イエスさまが神の右に立っている、しかもステパノにはそれが見える――ところが自分たちには見えない。そのようなことは人々には到底受け入れられないことでした。彼らにとっては冒瀆以外の何ものでもありません。彼らはステパノを石打ちにしました。このとき、証人たちが脱いだ上着の番をしていたのがパウロでした。

あなたがその場にいたとしたら、どうしたでしょうか。

祈り「主よ、人々の憎しみがあらわになるとき、聖霊が私の心を守り、支えてください」

92

4月2日 ―― 7・59～60

「ステパノは主を呼んで言った」

死に直面していたステパノがしたことは、主を呼ぶことでした。彼にできることは主を呼ぶこと、主にすがることだけでした。彼は主を呼んで、何を言ったでしょうか。「私の霊をお受けください」「この罪を彼らに負わせないでください」。死を前にして主イエスさまにすがるステパノは、十字架上の主と同じ思いに導かれました。

あなたの心の底にあって、主に叫びたいことは、何ですか。

祈り「主よ、私の心の叫びを聞き、祈りを導いてください」

93

4月3日 ―― 8・1～3

「サウロは、ステパノを殺すことに賛成していた」

サウロはステパノ殺害とエルサレム教会迫害の中心人物でした。家々に集まってパンを裂き、神を賛美し、持ち物を共有していたエルサレムの麗しい教会（2・46～47）。そこにパウロは押し入って、男も女も引きずり出して、牢に入れました。このときのサウロの目に、教会は地上に残しておけない、憎しみの対象でした。

私たちの教会にもサウロが押し入ってきたら、あなたはどうしますか。

祈り「主よ、迫害にあっている教会を、守り支えてください」

94

4月4日 ―― 8・4～5

「みことばの福音を伝えながら巡り歩いた」

迫害によって散らされた人々は、ただ逃げただけではなく、みことばを宣べ伝えながら巡り歩きました。迫害すら福音を宣べ伝える機会となりました。毎日の配給の働きのために選ばれた七人の一人であるピリポも（6・5）、サマリアの町に下って行き、キリストを宣べ伝えました。エルサレムからサマリアへと、福音宣教が進みました。

あなたは逆境がかえって証しする機会となった経験がありますか。

祈り「主よ、逆境にあっても、それを証しの機会としてください」

95

4月5日 ―― 8・6～8

「その町には、大きな喜びがあった」

ピリポを通して、サマリヤの町には大きな喜びが起こりました。ピリポがしるしを行い、彼が語るキリストの福音に関心を持ったからです。ピリポは汚れた霊を追い出し、癒やしを行いました。彼がしるしと不思議を行ったということは、彼が語ることばに権威があり信頼できる、ということを証明しました。

私たちも、「しるし」を行えるように祈ったほうがいいのでしょうか。

祈り「主よ、私たちの宣教を通しても、大きな喜びを与えてください」

96

4月6日 ―― 8・9〜11

「自分は偉大な者だと話していた」

サマリアの人々は、長い間シモンの魔術に驚かされていました。そもそもシモンは、なぜ魔術を行っていたのでしょうか。彼の目的や動機は何だったのでしょうか。人々から賞賛され、神のようになること、そのためにはサタンの力でも借りようとすること。そのような誘惑に陥らないように、注意しなければなりません。

魔術に興味がありますか。申命18・9〜14を読みましょう。

祈り「主よ、悪霊の惑わしの力から、私たちを守ってください」

97

4月7日 ―― 8・12〜13

「神の国とイエス・キリストの名」

シモンの魔術に驚かされていた人々は、ピリポが神の国とイエス・キリストの名について宣べ伝えたことを聞いて、キリストを信じ、バプテスマを受けました。人々はシモンの魔術とピリポの宣教が全く異なることを感じ取ったはずです。福音は驚きを超えて、キリストへの信仰と、バプテスマを受けた者としての新しい生き方へと導きます。13節を読むと、シモンのどこに欠陥があると思いますか。

祈り「主よ、私を、心からキリストを信じ、神の国に生きる者としてください」

98

4月8日 ―― 8・14〜17

「ペテロとヨハネを彼らのところに遣わした」

サマリアの人々は、ピリポの宣教を通して確かにイエスさまを信じ、バプテスマを受けていました。しかし、ペテロとヨハネが彼らの上に手を置いて祈ったとき、聖霊を受けました。なぜでしょうか。ユダヤ人もサマリア人も同じ主を信じることによって教会に加えられ、ペンテコステの時に下った御霊にあずかる者とされたからです。

ペテロとヨハネは、どんな気持ちでサマリヤに来たでしょうか。想像してみましょう。

祈り「御霊はクリスチャンを結びつけ、交わりを生み出す方です」

99

4月9日――8・18～19

「その権威を私にも下さい」

シモンは聖霊を与える権威を金で買おうとしました。どうして彼はそのようなことを考えたのでしょうか。彼は信じてバプテスマを受けていたのです(8・13)。もう一度人々に影響力を持ちたかったのでしょうか。ペテロたちと同列に立ちたかったのでしょうか。信仰を持った後でも、肉の性質と昔からの考え方に縛られていました。

あなたのお金の使い方で、主の前に吟味が必要な点はないでしょうか。

祈り「主よ、あなたの前に、私のお金の使い方を正しく導いてください」

100

4月10日――8・20～21

「おまえの心が神の前に正しくないからだ」

「おまえの金は、おまえとともに滅びるがよい」。これはシモンに対する呪いのことばです。実際に私たちは、神の賜物である聖霊を金で手に入れようとすることはないかもしれません。しかし、もし教会を、そして聖霊の働きを自分の思いどおりにしたい(思いどおりにできる)と考えるとしたら、シモンと同じ闇に陥っているのです。

あなたの心に、シモンに通じる思いはないでしょうか。

祈り「主よ、御霊によって私の心を探り、シモンと同じ思いからきよめてください」

101

4月11日 —— 8・22～23

「この悪事を悔い改めて、主に祈れ」

聖霊が与えられるという神のわざを見たときに、シモンの「苦い悪意」が姿を現しました。彼は「不義の束縛」の中にいたからです。聖霊を与える権威を金で買おうとすることは、それほどの悪事だったのです。シモンを見るとき、私たちも信仰を持った後に、苦い悪意に支配されないように注意する必要があることがわかります。

あなたの心が「苦い悪意」に支配されていないか、主のお取り扱いを祈りましょう。

祈り「主よ、私の心が苦い悪意に支配されないように守ってください」

102

4月12日 —— 8・24～25

「私のために主に祈ってください」

シモンは、自分がまだ罪の束縛の中にいることを指摘され、「この悪事を悔い改めて、主に祈れ」と言われました。私たちは、「赦されない罪を犯してしまった」と思うことがあります。私たちがすべきことは、自分が犯した罪は赦されない罪だと自分で判断することではなく、悔い改めて主に祈ることです。赦しは主のものですから。

なぜシモンは自分で祈ると言わないで、祈ってくださいと頼んだのでしょうか。

祈り「主よ、あなたは悔い改めた心を蔑まない方です」

103

4月13日 —— 8・26～28

「主の使いがピリポに言った」

ピリポと宦官の出会いでは、すべて主が主導権をもって導いています。(1)主の使いがガザに下る道に出るように言った。(2)ピリポは立って出かけた。(3)エチオピア人の宦官に出会った。彼は礼拝のためにエルサレムに上った帰途だった。(4)宦官は馬車上でイザヤ書を読んでいた。すなわち、御使いに導かれたピリポが、主を礼拝し、みことばを読んでいた宦官に出会ったのです。

あなたが「これは主が導いてくださった出会いだ」と思った経験を、一つ挙げてみましょう。

祈り「私たちの出会いを導いてくださる主よ、あなたに出合いをゆだねます。導いてください」

104 4月14日 ―― 8・29～31

「導いてくれる人がいなければ」

この宦官は神を礼拝する者でした。聖書を熱心に学ぶ者でした。しかし、みことばの意味を説き明かしてくれる人がいなければ十分に理解できない、と思っていました。聖書の意味を理解するために、聖霊の働きは欠かせません。聖霊はこのとき、ピリポを通して働きました。ピリポは馬車に乗って一緒に座るように招かれました。

主があなたを導いて、隣に一緒に座るようにと促している人は、だれかいないでしょうか。

祈り「主よ、私を、主を求める人を主のもとに導く者としてください」

105 4月15日 ―― 8・32～35

「イエスの福音を彼に伝えた」

主に導かれたピリポとの出会いのときに、宦官はイザヤ53章を読んでいました。そしてこの箇所について質問がありました。この苦しみを受けるしもべはだれか、という最も大切な質問でした。ピリポは、このように苦しみを受け、私たちの罪を負ってくださった方はイエス・キリストであるという福音を説き明かしました。

イザヤ53章を読みましょう。一番印象に残ったことは何ですか。

祈り「イエスさまこそ、私たちのために十字架の苦しみを受けてくださった方です」

106

4月16日 ―― 8・36～38

「見てください。水があります」

ピリポがイエスさまの福音について語るのを聞きながら道を進んでいくうちに、水がある場所に来ました（荒野だったにもかかわらず）。宦官のほうからバプテスマを申し出ました。おそらくピリポは、イエスさまの十字架と復活、そのみわざを信じることによる救い、信じた者はバプテスマを受けること等を説き明かしたのでしょう。

あなたの周りに、バプテスマを受けるのに「何か妨げがある」人がいますか。

祈り「主よ、○○さんがバプテスマを受ける妨げを取り除いてください」

107

4月17日 ―― 8・39～40

「喜びながら帰って行った」

普通なら自分にバプテスマを授けた人が去ってしまったら、不安に思います。場合によっては、その人に依存したり、頼り過ぎてしまうこともあります。しかし、宦官は喜びながら帰って行きました。彼がピリポにではなく、主イエスさまご自身に結びついたしるしです。ピリポも宦官にこだわることなく、新たな主の働きに出て行きました。

あなたが頼りにしている人はだれですか。頼り過ぎていませんか。

祈り「主よ、私を育ててくれた人を感謝します。それ以上に主を感謝します」

108

4月18日 ―― 9・1～3

「突然」

サウロは主の弟子たちを縛り上げてエルサレムに引いて来るために、ダマスコへ向かっていました。彼らを無き者にしようというサウロの殺意は、頂点に達していました。その道の途上、突然、天からの光が彼の周りを照らしました。主に対する反抗と弟子に対する迫害が極まったとき、栄光の主イエスさまがサウロに現れたのです。

主から最も離れていたときに主がそこにおられた、という経験がありますか。

祈り「罪けがれはいや増すとも、主の恵みもまたいや増すなり」（『聖歌』七〇一番）

109 4月19日 ――― 9・4～6

「なぜわたしを迫害するのか」

サウロの目から見ると、クリスチャンは異端者であり冒瀆者でした。彼らを無き者とすることこそ、サウロが神に仕える道でした。彼の熱心が最高潮に達したそのとき、彼は「サウロ、サウロ、なぜわたしを迫害するのか」という語りかけを受けました。このとき彼が直面したのは、自分の信仰理解と生き方を根底から問い直すことでした。

「私が必死でしていたことは、主の思いとは逆だった」と思った経験がありますか。

祈り「主よ、私があなたの思いと違う道を進んでいるとき、私の心の目を開いてください」

110 4月20日 ――― 9・7～9

「それで人々は彼の手を引いて」

主の弟子を捕らえるために意気揚々とダマスコに向かっていたパウロは、目が見えなくなり、同行者に手を引かれ、弱々しくダマスコに到着しました。彼は三日間断食をしました。自分が今までしてきたことが主の前でどういうことであったのかを教えられ、受け入れ、悔い改め、主の御思いを求めるためでした。

あなたは断食することに抵抗感がありますか。それはなぜですか。

祈り「主が御思いを知らせようとするとき、私をそれに真剣に向き合う者としてください」

111 **4月21日** ── 9・10～12

「アナニアという名の人が入って来て」

主イエスさまに出会い、目が見えなくなったサウロがユダの家で祈っているとき、主はアナニアという一人の弟子に現れました。「アナニアよ」という主の呼びかけに対して、「ここにおります」と答えました（これはサムエルの返事を連想させます）。サウロが主のみこころを知るために、アナニアという弟子が用いられました。

なぜ主は、みこころをサウロに知らせるためにアナニアを用いたのだと思いますか。

祈り「主よ、あなたが人を用いて語られるとき、私が心を開いて謙遜に聞けるようにしてください」

112 **4月22日** ── 9・13～14

「どんなにひどいことをしたか」

アナニアは率直かつ正直に自分の思いを主に話しました。彼が言っていることはすべて事実で正しいことです。主の聖徒たちを苦しめる者を受け入れることにためらいを覚えるのも当然です。大切なことは、主に自分のためらいや疑問を正直に話すことです。「こんなことを主に言ってはいけない」と自分で決めませんでした。

あなたが主に祈るのをためらっていることはありませんか。

祈り「主よ、あなたは私のためらいも疑問もすべて聞いてくださる方です」

113 **4月23日** ── 9・15～16

「どんなに苦しまなければならないかを」

二つのことを覚えましょう。第一に、アナニアは迫害者サウロのもとに行く前に、この訪問が主のご計画のうちにあることを確信する必要がありました。第二に、サウロには主に召されたときから、主の名のために苦しまなければならないことが予告されていました。主に召された者は、幸いも苦しみも主イエスさまと同じように経験するのです。

あなたは主の名のために、どんな苦しみを経験していますか。

祈り「主よ、私があなたの名のために苦しむとき、御霊によって私を支えてください」

114

4月24日 ―― 9・17～19前半

「兄弟サウロ」

この呼びかけは、アナニアがサウロをキリストにある兄弟として受け入れていたことを表しています。「仲間を苦しめたサウロは嫌いだけど、主が言うのだから仕方ないな」という次元のことではありませんでした。主がご自分の名を宣べ伝えさせるためにサウロを召したのであり、その主が自分を遣わしたことを確信した行動でした。

あなたが主にある兄弟姉妹として受け入れるべき人はだれですか。

祈り「主よ、○○さんを主にある兄弟・姉妹として受け入れます」

115

4月25日 ―― 9・19後半～22

「この方こそ神の子です」

クリスチャンを迫害していたサウロが、イエスさまを力強く宣べ伝える者となりました。この根本的な変化の中心に何があったのでしょうか。「イエスとはだれか」ということです。これより重要な問題はありません。彼はイエスさまが神の子であり、キリストであることを知りました。このことが彼の生き方を百八十度変えたのです。

イエスさまが神の子であるということは、あなたにとってどういう意味がありますか。

祈り「主イエスさま、あなたは生ける神の子キリストです」

116

4月26日 ―― 9・23〜25

「ユダヤ人はサウロを殺す相談をしたが」

「イエスこそ神の子キリストだ」と宣教を始めたサウロを、ユダヤ人たちは殺そうと相談し、昼も夜もその機会を狙っていました。クリスチャンを捕らえて殺すことに全力を傾けていたサウロは、今度はユダヤ人によっていのちを狙われるようになりました。

サウロを殺す相談をする人たちの中に、「人を殺すことは罪だから、やめよう」と言う人はいなかったのでしょうか。

祈り「主よ、私が抱く罪の思いの深刻さに、私の目を開いて、罪の思いを取り去ってください」

117

4月27日 ―― 9・26〜27

「バルナバはサウロを引き受けて」

大胆に証しをしたサウロでしたが、エルサレムの使徒たちや弟子たちは、彼がキリストの弟子であると信じませんでした。むしろ彼らはサウロに対して不信感や恐怖を感じました。彼らの間を取り持ったのが、「慰めの子」と呼ばれていたバルナバでした。彼の証言によって、サウロは使徒たちに受け入れられました。

どうしてバルナバはサウロを引き受けようと思ったのでしょうか。

祈り「主よ、私を、不信と恐怖のあるところにあなたの平和をもたらす器としてください」

118

4月28日 ―― 9・28〜31

「主を恐れ」

神の力と恵みは迫害者サウロにも及び、キリストを宣べ伝える者としました。そのようにして教会は広がっていきました。教会の成長には二つの大切なことが伴っていました。一つは「主を恐れ」ること、もう一つは「聖霊に励まされて前進し続け」たことです。教会は真に主を恐れ、聖霊に励まされる中で成長するのです。

主を恐れるとは、どういうこと（どうすること）でしょうか。

祈り「主よ、私を、真に主を恐れ、聖霊に励まされる者としてください」

119

4月29日 —— 9・32～35

「イエス・キリスト汝《なんじ》を医《いや》したまふ」（文語訳）

癒やしのような奇跡が行われなければ、人々は信仰に導かれないのでしょうか。見落としてはならないことは、キリストが癒やしてくださる、とペテロが語っていることです。すなわち、キリストが何をしてくださるのかが最も大切なことです。キリストのわざを見極め、宣べ伝えるときに、人々はキリストを信じるようになります。

あなたの周囲で主が何をなしておられるか、探してみましょう。

祈り「主よ、私を、主のわざを見極め、証しする者としてください」

120

4月30日 —— 9・36～38

「またヤッファに」

次にヤッファという港町にいた女性の弟子タビタ（ドルカス）が紹介されます。二つのことを覚えましょう。この町で彼女を通して多くの愛のわざが行われ、交わりが祝され、彼女の死の悲しみがありました。そして、リダにいたペテロはヤッファまでやって来ました。徐々にカイサリアのみわざ（10章）に近づいていったのです。

なぜヤッファの人々は、ペテロを呼びに行ったのだと思いますか。

祈り「主よ、あなたの摂理の御手のわざを覚えて、御名を賛美します」

121

5月1日 ―― 9・39〜43

「**ペテロは……ひざまずいて祈った**」

やもめたちはタビタが作ってくれた数々の下着や上着をペテロに見せました。するとペテロは皆を外に出し、「タビタ、起きなさい」と言って、彼女をよみがえらせました。ペテロはこのような奇跡を行う力を持っていたのでしょうか。いいえ。彼はひざまずいて主に祈りました。ですからタビタをよみがえらせたのはイエスさまです。

この時ペテロは、ひざまずいて何を祈ったのだと思いますか。

祈り「主よ、私に祈りを教え、祈りに生きる者としてください」

122

5月2日 ―― 10・1〜2

「**彼は敬虔な人で**」

異邦人へと福音が伝えられていくために最初に用いられたのが、ローマの百人隊長コルネリウスでした。彼は敬虔な人で、彼の家族もともに神を恐れ、敬い、礼拝していました。彼の敬虔さは民に対する多くの施しという愛のわざとして表れていました。そしてユダヤ人の祈りの習慣に加わって、神に拠り頼む者でした。

敬虔、神を恐れる、施し、祈り。特に何があなたに必要ですか。

祈り「主よ、私を敬虔で、神を恐れ、施し、祈る者としてください」

123

5月3日 ―― 10・3〜4

「**あなたの祈りと施しは神の御前に上って**」

コルネリウスが午後三時の祈りをしているときに、御使いが現れて言いました。「あなたの祈りと施しは神の御前に上って、覚えられています」。何と慰めと希望に満ちたことばでしょうか。私たちの祈りも行いも、主のもとに届き、覚えられているとは。私たちの拙い祈りも小さな行いも、神さまは覚えていてくださるのです。

あなたの祈りが主に覚えられていると聞いて、どう思いましたか。

祈り「主よ、私の祈りはあなたに届き、覚えられています。感謝します」

124 5月4日 ―― 10・5～8

「ヤッファに人を遣わして」


このときコルネリウスは、自分の身に起ころうとしていることとの全体像はわからなかったでしょう。しかし、彼がしなければならない次の一歩だけははっきりわかっていました。ヤッファに人を遣わして、ペテロを招くということです。詳しいことは、ペテロが来たときに明らかになります。神さまは次の一歩だけをお示しになることがあります。そこから神さまの大きなみわざが始まるのです。

神さまがあなたに示している「次の一歩」は何でしょうか。

祈り「主よ、あなたのみことばは、私の足のともしび、私の道の光です」（詩篇119・105参照）

125 5月5日 ―― 10・9～12

「すると天が開け」


その一方で、ペテロはどういう状況にいたでしょうか。⑴コルネリウスの遣いたちが町の近くまで来ていました。⑵昼の十二時ごろ、祈るために屋上に上りました。⑶空腹を覚えて、何か食べたいと思いました。外国人、祈り、空腹。このような状況が重なる中で（状況を用いて）、神さまは幻を通してお語りになりました。

あなたが置かれた状況の中で、主が何か語っていないでしょうか。

祈り「主よ、私の置かれた状況の中で、主が何をお語りになっているか、教えてください」

126

5月6日 ―― 10・13～16

「神がきよめた物を」

幻の中で天から下って来た動物を「屠って食べなさい」という天からの命令に従うことは、きよくない物を食べてはならないという旧約聖書の命令に反することでした。このジレンマを解決する方法は、天からの声に従うことです。信仰に関する私たちの判断は、私たちの考えではなく、神さまのことばに基づかなければなりません。

神がきよめた物をきよくないと言う。同じことをしていませんか。

祈り「主よ、私が自分の確信によって主のことばを否定しないように、守ってください」

127

5月7日 ―― 10・17～20

「……と一人で思い惑っていると」

ペテロは自分一人では今見た幻の意味を理解できず、思い惑っていました。幻を理解するためには、コルネリウスに遣わされた三人の話を聞くこと、そして御霊の語ることによって導かれることが必要でした。私たちも自分が経験していることにどういう意味があるのか、一人では理解しきれず、受け止めきれないことがあります。

あなたは一人では理解できず受け止めきれないことがありますか。

祈り「主よ、私を御霊と人の声に耳を傾ける者としてください」

128

5月8日 ―― 10・21～23前半

「ユダヤの民全体に評判が良い」

三人はペテロに対してコルネリウスを紹介しました。まず、彼が「正しい人で、神を恐れ」ていること（律法に忠実で神を礼拝していること）。そして、「ユダヤの民全体に評判が良い」こと（ユダヤ人との交わりがあり、すでに受け入れられていたこと)。さらには、ペテロを招いて話を聞くことが、神から出たものだということです。

評判の良い人の条件とは、何でしょうか。

祈り「主よ、私を、御前に正しく、主を恐れる者としてください」

129

5月9日 ―― 10・23後半~27

「お立ちください。私も同じ人間です」


ペテロが到着すると、コルネリウスは迎えに出て、「足もとにひれ伏して拝」みました。これは神を礼拝する行為です。それに対してペテロは、「私は使徒だしユダヤ人なんだから、異邦人から敬われても当然だ」などとは考えませんでした。礼拝されるべき方は神のみです。ペテロはコルネリウスと同じように神を礼拝する者です。

あなたが同じ立場であると認めなければならない人はだれでしょうか。

祈り「主を礼拝する者の群れに私を加えてくださり、感謝します」

130

5月10日 ―― 10・28~29

「ためらうことなく来たのです」


「ためらうペテロ」を想像できるでしょうか。ためらわずすぐに行動に移すのがペテロでした。ところが、ためらう状況になりました。ユダヤ人の伝統では、外国人と関わると汚れるのです。ペテロがためらわずにコルネリウスのもとに来たのは、彼の性格に基づいたことではなく、それが神から出ていることを知ったからでした。

あなたは今ためらっていることがありますか。それはなぜですか。

祈り「ためらう私を、主よ、あなたのことばによって導いてください」

131

5月11日――10・30〜33

「神の御前に出ております」

「神の御前に出る」とはどういうことでしょうか。どうすることでしょうか。コルネリウスのことばと態度にその鍵があります。彼は主がお語りになったことをすべて伺います、というへりくだった態度でした。主がペテロにお語りになったことを聞くことは、主ご自身に聞くことであり、主の御前に出ていることなのです。

あなたにとって「主の御前に出る」とはどうすることですか。

祈り「主よ、私を、あなたの御前に出て、主のことばに聞き従う者としてください」

132

5月12日――10・34〜35

「神はえこひいきをする方ではなく」

ペテロははっきりとした結論に至りました。神はえこひいきをする方ではない、という結論です。ユダヤ人であってもなくても、神はキリストを救い主として信じるように招いておられるのです。外国人と関わると汚れるとユダヤ人は信じていましたが、旧約聖書が、神はえこひいきする方ではないと証言しているのです。

申命10・17〜19を読みましょう。特に何が心に残りましたか。

祈り「私はえこひいきする者、主はえこひいきしない方です」

133

5月13日――10・36〜38

「イエス・キリストによって平和の福音を」

ペテロはキリストが中心であり、決定的に重要であることを語ります。第一に、キリストは平和の福音を宣べ伝えました。キリストこそ信じる者に罪の赦しを与え、神との関係を回復してくださるお方です。第二に、キリストは「すべての人の主」です。ユダヤ人も異邦人も、同じ主を信じることによって神の平和を得るのです。
あなたが今、キリストの平和の福音を分かち合う人はだれですか。
祈り「主よ、私を平和の福音に生き、伝える者としてください」

134

5月14日 —— 10・39〜41

「私たちは……すべてのことの証人です」

ペテロは自分たちがイエスさまの「証人」であることを語ります。イエスさまが地上の生涯で行ったことのすべて、十字架の死と復活を目撃し、証ししているのです。しかもただイエスさまの生涯と死と復活を目にしたということではありません。ペテロたちは、「神によって前もって選ばれた証人」なのです。
目撃者であるペテロと比べて、私たちの証しは劣っているのでしょうか。

祈り「神は私たちをもキリストにあって選んでくださる方です」

135

5月15日 —— 10・42〜43

「さばき主として神が定めた方」

ペテロたちは神によって証人として選ばれました。それでは何を証言するのでしょうか。イエスさまが「生きている者と死んだ者のさばき主として神が定めた方である」ということです。イエスさまはもちろん救い主です。その一方で忘れてはならないことは、終わりの日にイエスさまが正しいさばきをなさるということです。
Ⅱコリント5・10を読みましょう。キリストがさばき主であることは、クリスチャンにとってどういう意味があるでしょうか。

祈り「さばき主である主が、私の救い主となってくださり感謝します」

136 5月16日 ―― 10・44～46

「異邦人にも聖霊の賜物が注がれた」

ペテロが福音を語るのを聞いていたコルネリウスたちに、聖霊が下りました。ユダヤ人たちが汚れていると見なしていた異邦人に、聖い御霊が注がれたのです。これはキリストを信じることによって、異邦人も救いにあずかり、神の民に加えられることを示しています。

「信じるはずがない」と思っていた人が信じた、という例や経験がありますか。

祈り「不可能と思われる人をも信仰に導く主は、ほむべきかな」

137 5月17日 ―― 10・47～48

「だれが妨げることができるでしょうか」

バプテスマは厳粛なものです。なぜなら、バプテスマは神から出て、神に基づくものだからです。コルネリウスたちがキリストを信じて、神の霊である聖霊を受けたのですから、彼らがバプテスマを受けるのを妨げられる人はだれもいません。逆に、聖霊を受けていない人に、バプテスマを授けることができる人もいないのです。

あなたにとって、バプテスマを受けていることはどういう意味がありますか。

祈り「主よ、バプテスマを受けた者として、私を生かしてください」

138 5月18日 ―― 11・1～3

「彼らと一緒に食事をした」

カイサリアで異邦人たちが神のことばを受け入れたことは、エルサレムにも伝わりました。ある人たちは喜んだでしょう。しかし、割礼を受けている者たちの中に、ペテロが異邦人とともに食事をしたことを非難する者がいました。彼らにとっては、異邦人が救われたことよりも、異邦人と食事をしたことのほうが重大事だったのです。

あなたは今だれかを非難していますか。非難することで見落としている大切なことはないでしょうか。

祈り「主よ、聖霊によって私を、人を非難する者ではなく、祝福する者と造り変えてください」

139

5月19日 —— 11・4～7

「ペテロは彼らに事の次第を順序立てて説明した」

異邦人と一緒に食事をしたと非難する人々に対して、ペテロは「事の次第を順序立てて説明し」ました。これは知恵のある対応です。私たちは非難に対して非難で答えてしまうことがあります。順序立てて説明する以外の方法が有効なときもあるでしょう。ペテロは彼自身の思いが御霊によって変えられていった経緯を語りました。

あなたが「順序立てて説明」したほうがいい事柄は何でしょうか。

祈り「主よ、必要なときに順序立てて説明する力を私に与えてください」

140

5月20日 —— 11・8～10

「主よ、そんなことはできません」

神の前に汚れているか汚れていないか、神に受け入られるか受け入れられないかは、汚れた物(汚れていると思われている物)に触れないことによるのではなく、キリストを信じることによって神がきよめてくださることによります。ここから異邦人への宣教、異邦人も教会に加えられるというキリストの恵みが広がっていくのです。

あなたはどのようなことで、「主よ、そんなことはできません」と思うことがありますか。

祈り「主よ、私の思いを超えたあなたの恵みに、私の目を開いてください」

141

5月21日 ―― 11・11〜14

「すると、なんとちょうどそのとき」

「神がきよめた物を、あなたがきよくないと言ってはならない」という天からの声を三回聞いたそのとき、コルネリウスが遣わした三人の人がペテロのもとを訪ねてきました。すべてのことを主権をもって支配しておられる神さまが、幻の中でペテロを教え、そしてためらわずに彼らといっしょに行くようにと導いたのでした。

「神さまの絶妙のタイミング」を経験したことがありますか。

祈り「主、あなたは絶妙のタイミングで私たちを導いてくださる方です」

142

5月22日 ―― 11・15〜16

「聖霊が初めに私たちの上に下ったのと同じように」

ペテロが語る福音を聞いていたコルネリウスたちに聖霊が下りました。ここには二つの重要な意味があります。第一に、これはペンテコステのときに使徒たちに聖霊が下ったのと同じ体験です。第二に、イエスさまがお語りになった聖霊によるバプテスマであるということです。この二つのことがコルネリウスにも起こったのです。

あなたはキリストを信じたときに聖霊が与えられました。その恵みを思い巡らしましょう。

祈り「主よ、御霊が私たちにも与えられている恵みを感謝します」

143

5月23日 ―― 11・17〜18

「神がなさることを妨げることができるでしょうか」

コルネリウスたちを悔い改めと信仰に導き、聖霊を与え、バプテスマへと導いた方は神です。もし異邦人が教会の交わりに加わることに反対するとしたら、神がなさることを妨げているのです。異邦人と関わると汚れると信じ続けてきたユダヤ人にとっては、神のみわざに目が開かれ、自分の確信が変えられていく経験でした。

あなたの確信が神のわざの妨げになっていることがないでしょうか。祈って探ってみましょう。

祈り「主よ、私自身の確信を超えて、あなたのわざに私の目を開いてください」

144

5月24日 —— 11・19～21

「主の御手が彼らとともにあったので」

さまざまな状況が重なって、福音宣教がフェニキア、キプロス、アンティオキアまで進んでいきました。ステパノ殉教後の迫害で散らされた人々は、ユダヤ人だけにみことばを語っていました。彼らの中に、アンティオキアでギリシア語を話す人々に福音を宣べ伝える者がいました。主の御手によって、大勢の人が主を信じました。

あなたが置かれた状況の中で、主の御手がどこにあるか、見まわしてみましょう。

祈り「主よ、あなたの御手が生活の中で、私とともにあることを教えてください」

145

5月25日 —— 11・22～24

「神の恵みを見て喜んだ」

「大勢の人たちが主に導かれた」というアンティオキア教会が成長した背後には、二つの理由がありました。第一に、バルナバの働きです。彼は神の恵みを見つめる人でした。それが彼の喜びとなり、多くの人の励ましとなりました。第二に、バルナバは「心を堅く保っていつも主にとどまっているように」と、皆を励ましました。

心を堅く保っていつも主にとどまるために、あなたにできることを一つ考えましょう。

祈り「主よ、私がいつもあなたの恵みを見つめ、主にとどまれますように」

146

5月26日 ―― 11・25～26

「バルナバはサウロを捜しにタルソに行き」

アンティオキア教会で「大勢の人たちが主に導かれ」るのを見て、バルナバは「パウロが必要だ」と確信したのでしょう。信仰を持ったばかりの大勢の人たちを教え、心を堅く保っていつも主にとどまっているためには、パウロという同労者が必要でした。バルナバとパウロは一年間アンティオキア教会に集い、大勢の人たちを教えました。

あなたはだれの賜物を主のために「発掘」できるでしょうか。祈りつつ探り求めましょう。

祈り「主よ、兄弟姉妹をあなたのために生かす目と心を、私に与えてください」

147

5月27日 ―― 11・27～30

「それぞれの力に応じて」

アガボが預言したとおり、クラウディウス帝の時代に大飢饉が起こりました。アンティオキアのクリスチャンたちはユダヤの兄弟たちに、「それぞれの力に応じて」救援の物を送ることを決めました。初代教会のクリスチャンは、財産を売り払う人もいれば、力に応じてささげる人もいるというように、多様な仕方で互いを支えていました。

あなたの支援を必要としている人はだれでしょうか。

祈り「主よ、私を、あなたから受けた恵みを分かち合う者としてください」

148

5月28日 ―― 12・1～3

「ヨハネの兄弟ヤコブを剣で殺した」

ヘロデ王（ヘロデ・アグリッパ一世、在位紀元四一～四四年）は、ヤコブを剣で殺しました。宗教的脅威と捉えたのか、政治的な意図があったのかはっきりはわかりません。王の思惑とユダヤの人々の敵意が重なり合って、教会の指導者たちの尊いいのちが狙われました。

これは過去の出来事であって、今日の日本には直接当てはまらないのでしょうか。

祈り「主よ、国の指導者が主の前に正義を行うように祈ります」

149

5月29日――12・4〜5

「教会は彼のために、熱心な祈りを」


ヘロデがペテロを捕らえて牢に入れたとき、教会は救出作戦を企てたでしょうか。ペテロの無実を訴え出たでしょうか。いいえ。「教会は彼のために、熱心な祈りを神にささげて」いました。権力者であるヘロデに対して、真の権威を持つ神に訴えたのです。

あなたが「熱心な祈り」をするのを妨げているものは、何ですか。

祈り「主よ、初代教会のように、私たちも熱心に祈る群れとしてください」

150

5月30日――12・6〜8

「ペテロは……二人の兵士の間で眠っていた」


民衆の前で裁判にかけられる（あるいは公開処刑される）のを翌日に控えていたペテロ。「今度は自分の番だ」と心配していたでしょうか。彼は眠っていました。疲れ切っていたのでしょうか。腹をくくっていたのでしょうか。主の救いを確信していたのでしょうか。

このときあなたがペテロと一緒に牢にいたら、どうすると思いますか。

祈り「主よ、私をあなたの御腕の中で安心して眠る者としてください」

151

5月31日――12・9〜11

「私を救い出してくださったのだ」

ペテロは御使いが言うことに従い、牢から出て、衛所を通り、鉄の門まで来ました。外の通りまではあと一歩です。彼には御使いがしていることが、幻を見ているように思えました。我に返ったとき、ペテロは町の通りを歩いていました。主が御使いを遣わして、ヘロデとユダヤ人のもくろみからペテロを救い出してくださったのです。
ヤコブは殺され、ペテロは救い出されました。なぜこのような違いがあるのでしょうか。

祈り「主よ、あなたの御思いを知るのは　なんと難しいことでしょう」

152

6月1日 ―― 12・12

「マルコと呼ばれているヨハネの母マリアの家」

主が御使いを遣わして救い出してくださったことがわかったペテロは、自分のために祈っていてくれる人のもとに行きました。マルコと呼ばれるヨハネの母マリアの家です。マリアの家は多くの人が集まって祈れるほどの広さがあったようです。ユダヤ人たちの反対を受けて宮に集まれなくなっていた彼らは、家々に集まりました。「家庭は小さな教会」と言われます。どう思いますか。

祈り「主よ、私の家庭もあなたのご用のために用いてください」

153

6月2日 ―― 12・13～15

「喜びのあまり門を開けもせずに」

ペテロの声だとわかったロデは、「喜びのあまり門を開けもせずに奥に駆け込み」ました。彼女はおっちょこちょいだったのでしょうか。おそらくロデは、神さまが必ずペテロを救い出してくださることを信じて祈っていたのでしょう。ですから声を聞いただけで、本当かどうか見て確認しなくても、ペテロだと確信できたのでしょう。

最初は「気が変になっている」と思ったけど、後になって神さまのわざだと分かった経験はありませんか。思い返してみましょう。

祈り「主よ、弱い私を、心底から信じて祈る者としてください」

154

6月3日 ―― 12・16～17

「正気を失うほど驚いた」(岩波訳)

門を開けるとそこにペテロがいたので、彼のために祈っていた人たちは非常に驚きました。それはペンテコステのときに外国語で話すのを聞いたときのような(2・7)、クリスチャンを迫害していたサウロがキリストを宣べ伝えるのを聞いたときのような（9・21）、異邦人にも聖霊が注がれたときのような（10・45）驚きでした。

最近、「主はこんなことをなさるんだ」と驚いたことはありますか。

祈り「私は感謝します。あなたは私に奇しいことをなさって　恐ろしいほどです」（詩篇139・14）

155

6月4日 ―― 12・18〜19

「彼らを処刑するように命じた」

当時のローマ帝国では、囚人を逃がした者は死刑にされたようです。ですからヘロデが番兵たちを処刑したのも当然のことです。ところが、ヘロデが見落としたことが一つあります。ペテロを救い出したのは神だということです。ヘロデがそれを認めていてもいなくても、そこに神の御手があったことは変わりません。

あなたの周りに、「これは神がなさったことだ」と認めなければならないことはないでしょうか。

祈り「主よ、私の心を、『これは主がなしたこと』と受け入れる従順な心としてください」

156

6月5日 ―― 12・20〜23

「ヘロデが神に栄光を帰さなかったから」

この演説のとき、ヘロデは銀製の王服を着て登場し、朝日を浴びて輝いたと言われています。会衆が「神の声だ。人間の声ではない」と叫び続けたとき、ヘロデは自分自身に栄光を帰しました。本来ならすべての栄光は神に帰さなければならなかったにもかかわらず。

この箇所から読み取れるヘロデの性格の特徴を、思いつくだけ挙げてみましょう。あなたに相通じる点はありますか。

祈り「私たちにではなく、ただ主の御名に栄光がありますように」

157

6月6日 ―― 12・24～25

「斯《かく》て主の御言《みことば》いよいよ益々《ますます》ひろまる」（文語訳）

ヘロデによるヤコブ殺害、ペテロ逮捕と主による救出、そしてヘロデ自身の傲慢と最期。そのようななかで神のことばはますます盛んに宣べ伝えられ、広まっていきました。その一方で、バルナバとパウロはエルサレムに救援物資を届ける働きを終えて、ヨハネ・マルコを連れてアンティオキアに戻って来ました。

将来のために配慮すべきヨハネのような人は、だれでしょうか。あなたの周りを見渡してみましょう。

祈り「主よ、私たちの教会を、将来の働きのために若者を配慮し育てる群れとしてください」

158

6月7日 ―― 13・1～3

「彼らが主を礼拝し、断食していると、聖霊が」

アンティオキア教会で預言者や教師たちが中心になって「主を礼拝し、断食して」いました。そのとき聖霊が、バルナバとサウロを聖別して、宣教の働きに遣わすように言いました。第一次伝道旅行の始まりです。

彼らが熱心に主を礼拝し断食していたので、聖霊が語ったのでしょうか。それとも、聖霊が語るために、主ご自身が彼らを礼拝と断食へと導いたのでしょうか。

祈り「主よ、私たちの礼拝と祈りを導き、あなたの道を歩ませてください」

159

6月8日 ―― 13・4～5

「二人は聖霊によって送り出され」

ここに宣教の働きをはじめとする主の働きすべてにあずかる上で、最も大切なことが記されています。「聖霊によって送り出され」ることです。主のわざですから、主の御霊によって召され、遣わされなければなりません。送り出す者も送り出された者も、「これは聖霊による働きだ」という主の臨在と主権を確信しなければなりません。

あなたが聖霊の導きを求めなければならない問題は、何ですか。

祈り「主よ、聖霊の臨在と主権に私の目を開き、聖霊によって導いてください」

160

6月9日――13・6～8

「総督を信仰から遠ざけようとした」


キプロス島のパポスには、魔術師で偽預言者のエリマ（バルイエス）がいました。エリマは地方総督セルギウス・パウルスのもとにいました。総督がバルナバとサウロを招いて神のことばを聞きたいと願ったとき、エリマは二人に反対して、総督を信仰から遠ざけようとしました。神のことばが語られるとき、それに反対する力も働きます。

あなたを信仰から遠ざけようとする人や物はないでしょうか。祈りのうちに主に探っていただきましょう。

祈り「主よ、私を信仰から遠ざけようとする力からお守りください」

161

6月10日――13・9～12

「あらゆる偽りとあらゆる悪事に満ちた者」


聖霊に満たされたパウロは何をしたでしょうか。罪を罪とし、悪を悪としました。その結果、何が起こったでしょうか。総督が「主の教えに驚嘆し、信仰に入」りました。私たちは相手に対する配慮から、問題を曖昧にしてしまうことがあります。それが役に立つ場合もありますが、曖昧にしてはいけないときもあるのです。

あなたは最近、何かをはっきりさせるときに曖昧にしたことがありますか。

祈り「主よ、愛をもって罪を罪と言う知恵と勇気を私に与えてください」

162
6月11日　――13・13

「ヨハネは一行から離れて」

パウロの一行は、パポスから船出してパンフィリアのペルゲに渡りました。ここで重大なことが起こりました。同行していたヨハネ・マルコが一行から離れて、エルサレムに帰ってしまったことです。はっきりした理由は聖書に書かれていません。これが後にパウロとバルナバの意見の対立の原因になりました（15・37～39）。

あなたが「離れたい」と思っている主の働きはありますか。それはなぜでしょうか。

祈り「主よ、私があなたの働きから離れたいと思うとき、主の御霊が私を支えてください」

163
6月12日　――13・14～16

「安息日に会堂に入って席に着いた」

パウロとバルナバはペルゲから百六十キロほどの旅をして、ピシディアのアンティオキアにやって来ました。そして、安息日にユダヤ人の会堂に行きました。伝道旅行の中でパウロたちが最初にすることは、会堂に行くことでした。会堂では律法と預言書が朗読され、「奨励のことば」が語られました。

パウロが私たちの教会に来たら、何をすると思いますか。

祈り「主よ、私たちがみことばに生きる群れとなるように、聖霊によって導いてください」

164
6月13日　――13・17～20

「この民イスラエルの神は」

ユダヤ人の会堂では、安息日のたびに聖書が朗読され、「奨励のことば」が語られました。この機会に、パウロは何を語ったのでしょうか。イスラエルの神のみわざです。神が父祖たちに何をなさったかです。言い換えると、イスラエルの民に対して神が何をなさってきたのか、ということに人々の目を向けるために語りました。

神が私たちの教会をどのように導かれたか、思い巡らしましょう。

祈り「主は私たちを選び、強め、導き、耐え忍び、祝してくださるお方です」

165

6月14日 ―― 13・21〜23

「彼はわたしの心にかなった者で」


イスラエルの民は王を求めました。神はサウルを王として与え、四十年後に彼を退け、ダビデを立てました。ダビデは神の「心にかなった者」、神が「望むことをすべて成し遂げる」者でした。そして神は、ダビデに与えた約束のとおり、彼の子孫から、救い主キリスト・イエスを送ってくださいました。

それでは私たちは、どうしたら神の心にかなった者になれるのでしょうか。

祈り「主よ、みことばと聖霊によって、私のことをもあなたの心にかなった者としてください」

166

6月15日 ―― 13・24〜25

「その方は私の後から来られます」


ヨハネはイスラエルの民が救い主に出会う道備えをしました。それは悔い改めです。自分の罪を心から悔い、救い主の救いが必要であることを認めなければなりません。ヨハネ自身、救い主を証しするという使命に徹しました。民もヨハネを救い主だと思うのではなく、イエスさまのもとに行かなければなりませんでした。

25節のヨハネのことばで、あなたが特に学ぶ必要があるのはどれですか。

祈り「主よ、証ししないではいられないほど、あなたの麗しさで私を満たしてください」

167

6月16日 —— 13・26〜27

「安息日ごとに読まれる預言者たちのことばを理解せず」

安息日ごとに預言者のことばが読まれている(日曜日ごとに聖書のことばが語られている)にもかかわらず、それを受け入れないとき、どのようなことが起こったかが書かれています。すなわち、イエスさまを神の子キリストと認めず、むしろ罪に定め、十字架につけて殺しました。これは預言の成就でした。

あなたが聖書のことばを理解できない(受け入れられない)とき、どういう原因や理由があるでしょうか。

祈り「主よ、私の心を、みことばを受け入れる素直な心にしてください」

168

6月17日 —— 13・28〜29

「イエスを殺すことをピラトに求めたのです」

これが罪の罪深さです。私たちの罪は、神の御子である救い主イエスさまを殺してしまうまでは納得せず、満足しないのです。イエスさまに「死に値する罪が何も見出せなかった」としても、全力でイエスさまを無き者にしようとします。人々も指導者も、イエスさまを木にかけて殺し、墓に納めました。しかし、これも聖書の成就でした。

あなたの心に、イエスさまを無き者にしようとする思いがないでしょうか。

祈り「イエスさま、私の殺意を身に受けたあなたこそ、私の罪を贖う方です」

169

6月18日 —— 13・30〜31

「イエスの証人となっています」

人々と指導者が十字架につけて殺したイエスさ

まを、神は死者の中からよみがえらせました。ここで忘れてはならないことは、復活は終着点ではないということです。イエスさまは弟子たちに「何日にもわたって現れました」。そしてその人たちは、イエスさまの復活の証人となりました。復活は証人によって証しされるべきものです。

　あなたが一番最近イエスさまの復活を証ししたのは、だれですか。

祈り「復活の主よ、あなたこそ私たちの希望です。私は主の復活を証しします」

170 6月19日 ―― 13・32～33

「その約束を成就してくださいました」

　二つのことを覚えましょう。パウロとバルナバも（そして私たちも）、神が旧約聖書の中でイスラエルの父祖たちに約束した福音を宣べ伝える者とされました。そして、詩篇2篇に記された神の約束は、イエスさまの復活によって成就しました。私たちも主の復活を証しする者とされた恵みを覚えましょう。

祈り「主よ、私たちもイエスさまの復活の福音を証しする者です。これは主の恵みです」

171 6月20日 ―― 13・34～37

「滅びをお見せになりません」

　イエスさまの復活がどれほど重要な出来事であったのかを、パウロは続けて語ります。神がダビデに与えた約束は、確かで真実なものでした（イザヤ55・3）。ダビデは死にました。しかし、ダビデが約束されたメシアは、決して滅びることがありません（詩篇16・10）。約束のメシアであるイエスさまを、神がよみがえらせました。

「復活の希望」と聞くと、どんなイメージが浮かびますか。

祈り「主よ、私を主とともに死に、主とともに生きる者としてください」

172

6月21日 ―― 13・38～39

「あなたがたに知っていただきたい」

パウロはこの説教を締めくくります。パウロがどうしても伝えたいことは二つ。第一に、イエスさまを通してこそ、罪の赦しが与えられることです。第二に、モーセの律法を通しては義と認められませんでしたが、イエスさまを信じる者はみな義と認められることです。信仰によって罪から解放され、神に仕える者とされるのです。

信仰による義は、クリスチャンになるときにだけ必要な教えなのでしょうか。すでに信仰を持っている人には重要ではないのでしょうか。

祈り「主よ、私を、信仰による義を生きる者としてください」

173

6月22日 ―― 13・40～41

「見よ、嘲る者たち」

「自分の家だけは災害に遭わない」という心理が働くと言われます。パウロはハバクク1・5を引用して、あなたがたはそのような者になってはいけないと警告します。キリストを信じることによって罪が赦され、義と認められるのです。この福音を「信じがたいこと」だと言って嘲る者は、やがて自分の身に滅びを招くのです。

あなたの心に何かを（だれかを）嘲る思いがないか探りましょう。

祈り「主よ、私も嘲る者です。主の現実に私の目を開いてください」

174

6月23日 ―― 13・42～43

「神の恵みにとどまるように説得した」

パウロとバルナバの証しを聞いたアンティオキアの人々は、心を揺さぶられました。次の安息日にも聞きたい、いやそれまで待てず、二人と語り合いました。そのような人々に対するパウロたちのアドバイスは何でしょう。「神の恵みにとどまる」ことでした。神がキリストを通して与えてくださった恵みの福音に生かされることです。「神の恵みにとどまる」とは、どうすることでしょうか。

祈り「主よ、私をあなたの恵みにとどまる者としてください」

175

6月24日 ―― 13・44～45

「ねたみに燃え」

ユダヤ人たちはねたみに燃え、パウロが語ることに反対し、口汚くののしりました。彼らは「パウロが教えることは、神のみわざを正しく語っていない」と判断したため、パウロに反対したのではありません。ねたみに基づく反対です。しかもパウロが語ることをののしるということは、キリストを復活させた神を冒瀆することです。

ねたみ、反対、ののしりという悪循環があなたの心にないか、祈りのうちに探りましょう。

祈り「主よ、私はねたむ者です。私を祝福する者としてください」

176

6月25日 ―― 13・46～47

「しかし、あなたがたはそれを拒んで」

神のことばがまずユダヤ人に語られたことは、神の恵みです。その恵みを拒んだので、彼らは自分たちを永遠のいのちにふさわしくない者にしました。「そんなつもりはなかった。パウロが語ることばには反対だが、永遠のいのちは失いたくない」ということはありえません。恵みのことばは、異邦人に宣教されることになりました。

人を拒んで、神の恵みを拒む。あなたも同じ罠に陥っていないでしょうか。

祈り「主よ、私を、恵みを拒む者ではなく、恵みによって生きる者としてください」

177

6月26日 ―― 13・48～52

「異邦人たちはこれを聞いて喜び」

ここで異邦人とユダヤ人の対比に注目しましょう。異邦人たちはパウロが語る主のことばを聞いて喜び、賛美しました。そして信仰に入りました。彼らは喜びと聖霊に満たされていました。その一方でユダヤ人たちは、有力者を扇動してパウロたちを迫害させ、その地方から追い出しました。これが喜びと聖霊に満たされた者と、ねたみに満たされた者との違いです。

喜びと聖霊に満たされるためには、どうしたらいいのでしょうか。

祈り「主よ、私を喜びと聖霊に満たしてください」

178

6月27日 ―― 14・1～2

「異邦人たちを扇動して」

イコニオンでも大勢のユダヤ人とギリシア人が信じました。ところが、パウロとバルナバの話を信じないユダヤ人たちは異邦人を扇動して、パウロたちに対して悪意を抱かせました。本来なら関わりを持ちたくない異邦人を扇動してでも、パウロに反対しないではいられなかったのです。神のことばは私たちの心の内側の状態を明らかにします。

あなたはだれに対してどんな反対（反発）の思いがありますか。それはなぜでしょうか。

祈り「主よ、私の反発心がどこから来ているのか、私は自分の力で向き合うことができません。御霊の助けを与えてください」

179

6月28日 ―― 14・3～4

「それでも、二人は長く滞在し」

パウロとバルナバは長くイコニオンに滞在しました。なぜでしょうか。新しく信じた人たちを励ます必要があったからかもしれません。そして何よりも、主ご自身が彼らを支えていたからでした。主が彼らの手によって「しるしと不思議」を行わせ、彼らが語る「恵みのことば」が神から出たものであることを証ししたのです。

主が私たちの味方であることを、どうしたら（どのようにして）知ることができるでしょうか。

祈り「主よ、あなたの愛から私たちを引き離すものは何もありません」

180

6月29日 ―― 14・5〜7

「**そこで福音の宣教を続けた**」

パウロとバルナバに反対する異邦人とユダヤ人は、「二人を辱めて石打ちにしよう」と企てました。キリストの福音は、それを信じて受け入れるか、あるいは福音も福音を伝える者も無き者にされてしまうか、どちらか一つです。中立はありません。企てを知った二人はリステラとデルベに移り難を避け、そこで福音宣教を続けました。パウロは反対されない宣教方法を考えなかったのでしょうか。

祈り「主よ、反対と攻撃の中でも私を、福音を伝える者としてください」

181

6月30日 ―― 14・8〜10

「**自分の足で、まっすぐに立ちなさい**」

リステラで足の不自由な人がパウロの話に耳を傾けました。彼はパウロの話を聞いて、「癒やされるにふさわしい信仰」を持ちました。「自分の足で、まっすぐに立ちなさい」というパウロの声に応じて、彼は飛び上がりました。生まれてから一度も歩いたことのなかった人が、自分にはできないことを、パウロが語る神のことばを信じて行ったのです。

主があなたに「自分の足で、まっすぐに立ちなさい」と言っていることはないでしょうか。

祈り「主よ、私のことも、自分の足でまっすぐ立たせてください」

182

7月1日 ―― 14・11～13

「神々が人間の姿をとって」

癒やしのわざを見たリステラの人々は、神をほめたたえたでしょうか。いいえ。自分たちの文化と経験に基づいて神のわざを理解しようとしました。パウロとバルナバを人間の姿をとった神々だと思い、彼らにいけにえを献げようとしたのです。それぞれの国や地域の文化は尊いものですが、人間を神とすることは許されないことです。

あなたの心の中に神以外のものを神とする思いがないか、探ってみましょう。

祈り「主よ、私を、人をあがめる誘惑から守ってください」

183

7月2日 ―― 14・14～15

「このような空しいことから離れて」

バルナバとパウロは、自分たちを神々としてあがめようとする人々に対して、明確に反対しました。まず、二人は「衣を裂」きました。これは冒瀆が行われたときに示す態度です。人間を神とすることは冒瀆です。さらに人々のそのような生き方を「空しい」と呼びました。生ける神を知らない生き方は冒瀆と空しさに向かいます。

あなたは空しさを感じるときがありますか。それはどんなときですか。

祈り「主よ、私を、空しい歩みから主とともに生きる幸いへと導いてください」

184

7月3日 ―― 14・16～18

「恵みを施しておられたのです」

聖書の神を知らなかったとしても、神がお造りになった世界に住んでいるという事実は変わりません。キリストを信じることによって救われるという福音が明確に語られていなくても、神はご自分を証ししておられます。天からの雨と実りの季節は神が与えてくださる恵みなのです。自然の中に現された神の恵みに目を向けましょう。

自然の中に神の恵みが現されている、と感じるときがありますか。

祈り「主よ、自然の中に現されたあなたの恵みに、私の目を開いてください」

185

7月4日 ―― 14・19～20

「ユダヤ人たちがやって来て」

リステラとアンティオキアの距離は約百七十キロ、イコニオンからの距離は約三十キロくらいでした。パウロは福音を伝えるために、ユダヤ人たちはパウロに反対するためにこの距離をやって来ました。異邦人がパウロを通して聖書の神に立ち返ることよりも、パウロを無き者にすることのほうが、彼らにとっては重要なことでした。

あなたが情熱を傾けていることは何ですか。それはなぜですか。

祈り「主よ、一心にあなたに仕える幸いを私に教えてください」

186

7月5日 ―― 14・21～22

「多くの苦しみを経なければならない」

二人はデルベで福音を伝えた後、自分たちを迫害した町に戻りました。なぜでしょう。そこにいる「弟子たちの心を強め、信仰にしっかりとどまるように勧め」るためでした。信仰を持って間もない弟子たちには、そのような励ましが必要です。特に「神の国に入るために、多くの苦しみを経なければならない」ことを教えました。

「多くの苦しみを経なければならない」と聞いて、どう思いましたか。

祈り「苦しみを通った主よ、私が苦しむとき、私とともにいてください」

187 7月6日 ―― 14・23

「彼らのために教会ごとに長老たちを選び」

パウロは「弟子たちは私の働きの実だ」「自分がいないとだめなんだ」と考えたでしょうか。いいえ。彼は彼らの心を強め、信仰にしっかりととどまらせる働きを長老たちにゆだねました。なぜパウロは人々を握りしめなかったのでしょうか。彼らが主のものであることを知っていたからです。主の配慮と守りを確信していたからです。

あなたが主を信頼して人にゆだねる必要があることは、何でしょうか。

祈り「主にゆだね、人にゆだねることを私に教えてください」

188 7月7日 ―― 14・24～28

「神の恵みにゆだねられて送り出された所」

パウロとバルナバは船でアンティオキアに戻りました。そこは、二人が今回の伝道旅行のために、祈りをもって送り出された所です（13・3）。ここに宣教活動で忘れてはならないことがあります。主の恵みにゆだねることと祈ることです。神の恵みにゆだねる者は祈る者であり、祈る者こそ神の恵みにゆだねる者なのです。

「これは神の恵みにゆだねられた働きだ」と再確認しなければならないことは何でしょうか。

祈り「主よ、私を、あなたの恵みにゆだねて生きる者としてください」

189 7月8日 ―― 15・1～2

「激しい対立と論争が生じたので」

パウロとバルナバは、ただ単に論争好きだったわけではありません。「モーセの慣習にしたがって割礼を受けなければ、あなたがたは救われない」という教えが、キリストの福音と恵みを無にするものであり、異邦人がキリストを信じたという神のわざを否定するものであることを見て取ったのです。彼らは福音の真理のために戦いました。私たちの周りに福音の恵みを無にするもの（教え、習慣、考え方等）がないでしょうか。

祈り「主よ、福音が攻撃されるとき、私を真理に堅く立たせてください」

190

7月9日 ―― 15・3～5

「モーセの律法を守るように命じるべきである」

エルサレムに上る途上でも、着いた後でも、パウロたちによる異邦人伝道の証しは、多くの人々に歓迎されました。しかし、パリサイ派の者でキリストを信じた人たちは違いました。異邦人も割礼を受け、モーセの律法を守るべきだと主張しました。キリストを信じた後でも、信じる前の価値観や考え方の影響が残る場合があるのです。

あなたが信仰を持つ前の価値観で、信仰生活に影響しているものはないでしょうか。

祈り「主よ、あなたを信じる前の悪影響から、聖霊によって私をきよめてください」

191

7月10日 ―― 15・6～9

「異邦人にも聖霊を与え」

異邦人にも割礼を受けさせるべきかについて多くの論争があった後、ペテロは何を語ったでしょうか。神が何をなさったかを見極め、神のみわざに目を留めることです。神はペテロを用いて、異邦人が福音を聞き信じるようにされました。そして彼らと同様に異邦人にも聖霊をお与えになりました。神は信じる者を差別しません。

神は人を差別せず同じみわざを行う、と思った経験はありますか。

祈り「天の父よ、あなたは私たちを差別せず、等しく恵みを与えてくださる方です」

192

7月11日 ―― 15・10～11

「負いきれなかったくびき」

確かに割礼は、神がモーセを通して与えた契約のしるしです（創世17・12～14）。しかし神は、キリストの福音を信じる者こそ救われるという新しい契約をお与えになりました。割礼という神が与えたしるしが、恵みを無にするように主張されました。恵みを無にしようとする力は、クリスチャンの中に根深く働きます。

あなたの周りに恵みを無にする力が働いていないでしょうか。

祈り「主よ、恵みを無にする力や教えから、私を（私たちを）守ってください」

193

7月12日 ―― 15・12～14

「神が彼らを通して」「神が初めに」

ペテロは異邦人の間での神のみわざを語りました。バルナバとパウロも、神が彼らを通して異邦人の間で行ったしるしと不思議を証ししました。ヤコブも神が異邦人を顧みて、神の民として召し出したと語ります。神が何をなさったのかということに私たちの目が開かれることこそが、クリスチャンにとって最も重要なことです。

今までの人生の中で、「これは神がなさったことだ」と確信していることは何ですか。

祈り「主よ、あなたがなさった一つ一つのことに、私の目を開いてください」

194

7月13日 ―― 15・15～18

「昔から知らされていたこと」

ペテロを通して異邦人コルネリウスたちは福音を信じ聖霊を受けました。ヤコブはその出来事を、神が異邦人をご自分の民として召し出したものと見ました。これはアモス9・11～12の約束と一致しています。メシアであるイエスさまがダビデの王国を再建し、ユダヤ人も異邦人も信仰によってともに神の民とされるのです。
預言書はあなたにとって身近な書ですか。

祈り「主よ、あなたの約束とみわざの中に私も加えられたことを感謝します」

195

7月14日 ―― 15・19～21

「私の判断では」

ヤコブは神のみわざと福音の恵みを最大限に重んじながら、ユダヤ人への配慮も忘れない判断を下しました。神が昔から約束したように、異邦人が神に立ち返ったのだから、彼らを悩ませてはいけません。その一方で、ユダヤ人への配慮として、律法に基づいて避けるべきこともありました。知恵とバランスのある判断です。

あなたが真理と人々への配慮のバランスを取る必要があることは、何でしょうか。

祈り「主よ、私を真理と人への配慮の両方を重んじる者としてください」

196

7月15日 ―― 15・22～24

「私たちは何も指示していないのに」

アンティオキア教会に行って割礼を受けなければ救われないと言った者たちは、エルサレム教会から何の指示も受けていませんでした。このように、教会の同意を得ていない行動は、兄弟姉妹を混乱させ、心を動揺させます。そのような混乱と動揺を解決するのは、御霊に導かれ、主の恵みに基づく、一致した対応です。

あなたの心に、「単独行動」をしたい思いがありませんか。

祈り「主よ、兄弟姉妹とともにみこころを確信する幸いに、私を導いてください」

197 7月16日 ―― 15・25〜27

「キリストの名のために、いのちを献げている」

異邦人の間の混乱と動揺を解決するために使徒たちが採った方法には、三つのポイントがありました。第一に、愛する人々（「愛するバルナバとパウロ」）が対応に当たることです。第二に、バルナバとパウロは、キリストの名のために「いのちを献げて」いました。第三に、バルナバとパウロと一緒にユダとシラスを遣わすことは、「全会一致」で決めたことです。愛と一致といのちがけの対応でした。

キリストのためにいのちを献げる。あなたはどうですか。足りないことは何でしょうか。

祈り「主よ、御霊の助けによって、私に愛と一致といのちがけの信仰を与えてください」

198 7月17日 ―― 15・28〜29

「聖霊と私たちは」

「聖霊と私たちは、……を決めました」。何とすばらしいことばでしょうか。神である聖霊と自分たちが一致して結論に至りました。もちろん、私たちが決めるすべてのことが、聖霊によって導かれたものだと言うことはできません。みことばの光に照らされて神のみわざを見極めるとき、聖霊は私たちを導いてくださるのです。

あなたの教会にとって、聖霊の導きが必要なことは何ですか。

祈り「主よ、聖霊とみことばによって、私たちを一致に導いてください」

199 7月18日 ―― 15・30〜32

「その励ましのことばに喜んだ」

聖霊とともに下した結論は、単なる決定ではなく、聞く者にとって「励ましのことば」となりました。聖霊は「助け主（援助者・とりなし手）」（ヨハネ15・26）ですから、聖霊が臨在するところには励ましがあります。聖霊に導かれた励ましのことばは聞く者に喜びを与え、力となります。

あなたの励ましを必要としている人は、だれでしょうか。

祈り「主よ、私を、御霊とみことばによって、人を励ます者としてください」

200

7月19日 ―― 15・33～35

「兄弟たちの平安のあいさつに送られて」

エルサレム教会から遣わされたユダとシラスは、アンティオキアの兄弟姉妹の「平安のあいさつ」に送られて、帰って行きました。これはどういう意味を持っているでしょうか。「平安」と「平和」は同じことばです。すなわち、割礼の問題で混乱が生じた両方の教会の関係は、聖霊の導きの中で、主の平和と平安が回復されたのです。

あなたの生活や教会で、主の平和と平安が必要なのはどこですか。

祈り「主よ、私を主の平安で満たし、平和をつくる者としてください」

201

7月20日 ―― 15・36～38

「連れて行かないほうがよい」

確信と確信がぶつかりました。パウロとバルナバは、先に宣教した兄弟姉妹を再び訪ねる点では一致していました。しかし、マルコを連れて行くかどうかでは意見が対立しました。バルナバは、マルコにもう一度チャンスを与えようとしました。パウロは、かつて宣教の働きから脱落した者は連れて行かないほうがよいと考えました。

あなたが学ぶ必要がある態度は、バルナバですか。それともパウロですか。

祈り「主よ、罪を覆う愛と、主の働きの厳粛さを、私に教えてください」

202 7月21日——15・39〜41

「兄弟たちから主の恵みにゆだねられて」

バルナバとパウロは激しい議論をし、互いに別行動をとることになりました。アンティオキア教会は分裂してしまったのでしょうか。「兄弟たちから主の恵みにゆだねられて出発した」とありますから、教会は、たとえ激しい議論をし行動を別にするという判断をしても、憎しみ合ったりせず、主の恵みにゆだねることを忘れませんでした。

あなたが主の恵みにゆだねる必要があることは、何ですか。

祈り「主よ、議論の後でも主の恵みにゆだねることを、私に教えてください」

203 7月22日——16・1〜3

「パウロは……彼に割礼を受けさせた」

パウロは宣教の働きのために、テモテが同労者として必要であると確信したのでしょう。それでは、エルサレム会議での決定を伝える旅で、なぜテモテに割礼を受けさせたのでしょうか。この割礼は、だれからも圧力をかけられたものではありません。ユダヤ人であるテモテが、ユダヤ人を獲得するために進んで受けたものです。

あなたは「圧力」を感じていることがありますか。その圧力はどこから来るのでしょうか。

祈り「主よ、圧力によってではなく、進んで主に仕えることを、私に教えてください」

204 7月23日——16・4〜5

「こうして諸教会は信仰を強められ」

ここで三つのことが密接に関係していることを

覚えましょう。第一に、パウロたちは町々を巡り、エルサレム会議での決定を人々に伝えました。第二に、このようにして諸教会は信仰を強められました。第三に、日ごとに教会の人々は増えていきました。正しい教えが語られ信仰が強められるときに、教会は成長するのです。

あなたの教会に人々が加えられるために、必要なことは何でしょうか。

祈り「主よ、正しい教えで私たちの信仰を強め、救われる者を加えてください」

205

7月24日 ――― 16・6～8

「イエスの御霊がそれを許されなかった」

「アジアでみことばを語ることを御霊によって禁じられた」とは、実際にどのようなことが起こったのでしょうか。もしかしたら、預言者であるシラスを通して御霊が語ったのかもしれません。はっきりわかることは、御霊なる神が明確に働き、あるる道を閉ざし、別の道に導いておられることを、パウロたちが確信したということです。

主の御霊が、あなたに禁じていることはないでしょうか。

祈り「主よ、御霊の働きに私の目を開き、導きに従う者としてください」

206

7月25日 ――― 16・9～10

「神が私たちを召しておられるのだ」

トロアスに下った夜、パウロは幻を見ました。パウロはその幻のことを同行していた人たちに語り、神がマケドニアに渡って福音を宣べ伝えるように召しているのだと確信しました。神はいつも幻を通して語る、と結論づけることはできません。置かれた状況や経験したことを兄弟姉妹と祈る中で、聖霊は私たちを確信へと導きます。

教会の中でともに祈ることで見極めるべきことは何でしょうか。

祈り「主よ、私たちの教会をともに祈り、導きを確信する群れとしてください」

207 **7月26日**――16・11～15

「**主は彼女の心を開いて**」

ピリピにやって来たパウロは、リディアを含む女性たちに語りました。三つのことが見事に重なり合います。⑴パウロの話を聞く前から、リディアは神を敬う人でした。⑵主は彼女の心を開いて、パウロが語ることに心を留めるようにされました。⑶彼女はパウロの話に耳を傾け、彼女もその家族もバプテスマに導かれました。

あなたの周りに、主が心を開いて福音に心を留めるようにしておられる人がいないでしょうか。

祈り「主よ、あなたが心を開いた人に、私たちが福音を伝えられますように」

208 **7月27日**――16・16～18

「**この人たちは、いと高き神のしもべたちで**」

この女性が言っていることは、間違いだったのでしょうか。いいえ。問題は、彼女が占いの霊によってこのことを叫び続けていたことです。それを聞いて、パウロが語ることも占いに関係することだと誤解する人がいたかもしれません。キリストの名によって霊を追い出すことで、救いを与えるのはキリストであることを示しました。

あなたが「キリストの名によって」、すなわち神さまによって実現してほしいことは、何ですか。

祈り「主の力強い御名の力で、私に真の自由を与えてください」

209 **7月28日**――16・19～21

「**金儲けする望みがなくなった**」

この女奴隷はキリストの名による救いを経験し

ました。しかし、彼女の主人たちには、全く違った結果を生みました。金儲けをする望みがなくなってしまったからです。彼らはパウロとシラスを長官たちに引き出し、ローマ人が「受け入れることも行うことも許されていない風習を宣伝している」と訴えました。

なぜ主人たちは、金儲けができなくなったと言って訴えなかったのでしょうか。

祈り「主よ、私が欲望のゆえに、主のわざを拒まないように守ってください」

210

7月29日 ―― 16・22～24

「群衆も二人に反対して立ったので」

主人たちは金儲けをする望みがなくなったので、パウロとシラスに反対する直接的な理由がありました。それでは群衆はどうだったでしょうか。群衆がなぜ二人に反対したのか、明確な理由は書かれていません。主人たちの主張に扇動されたのでしょうか。感情に訴える強いことばや訴えを聞くときには、主の御手がどこにあるのか、祈って求めましょう。

あなたが群衆の一人だったら、どうしたらよかったでしょうか。

祈り「主よ、あなたの御手がどこにあるのか、私の目を開いてください」

211

7月30日 ―― 16・25

「神を賛美する歌を歌っていた」

不当に牢に入れられたパウロとシラスは、祈りつつ神に賛美の歌を歌い続けました。神の正義が行われることや救出されることを、神に訴えていたのかもしれません。神が救い出す力のある方であることを覚えて、神の愛と恵みをほめたたえていたのでしょう。ほかの囚人たちは彼らの賛美に聞き入っていました。

牢獄の中でパウロとシラスは祈り、賛美しました。私たちは今、何をしたらいいでしょうか。
祈り「主よ、私を、どんな状況でも主に祈り、賛美する者としてください」

212

7月31日 —— 16・26〜28

「私たちはみなここにいる」

パウロとシラスの祈りと賛美は、神さまの耳に届いていました。大地震が起こり、牢の扉が全部開きました。これで二人の救出は実現したのでしょうか。いいえ。扉が開き鎖が外れても二人が逃げ出さなかったことは、看守が救いを求めるための証しとなりました。

あなたがパウロとシラスとともに牢にいたら、逃げ出しますか。

祈り「主よ、私は問題が解決されることを祈り求めます。それ以上に、主がそのことで何をなそうとしておられるのかに、私の目と心を開いてください」

213

8月1日 ―― 16・29～31

「主イエスを信じなさい」

看守はパウロとシラスが神に救出を祈っているのを聞いていたでしょう。ですから、この地震は二人の祈りに神がこたえたものだと直感的に思ったでしょう。看守は二人を牢につないだことで、神のさばきを受けると恐れたのかもしれません。救いはイエスさまを主と信じることにあります。しかも救いの恵みは、家族にも及びます。「あなたの家族も救われます」という実例を挙げてみましょう。

祈り「主よ、みことばどおり、私も私の家族も救ってください」

214

8月2日 ―― 16・32～34

「彼と彼の家にいる者全員に、主のことばを語った」

家族の中で誰か一人がキリストを信じたら、自動的に家族全員がクリスチャンになる、ということではありません。パウロとシラスは、看守と彼の家族全員に主のことばを語りました。みことばを聞いたその夜、全家族がバプテスマを受け、神を信じたことを心から喜びました。看守が主を信じたことで、恵みが家族に広がりました。

家族の中で「私は信じない」と言う人はいなかったのでしょうか。

祈り「主よ、私の家族全員を、主を信じ心から喜ぶ者としてください」

215

8月3日 ―― 16・35～37

「ローマ市民である私たちを」

パウロはいつも自分の権利を用いたわけではありません（Iコリント9・12）。しかし、このときは自分がローマ市民であることを主張しました。当時のローマの植民都市においては、ローマ市民は逮捕、むち打ち、投獄されなかったようです。ですからパウロが受けた扱いは不当であったことが、公に認められなければなりません。

なぜパウロは、ローマ市民だと最初に言わなかったのでしょうか。

祈り「主よ、主張すべきことを主張することを私に教えてください」

216

8月4日 ―― 16・38～40

「牢を出た二人はリディアの家に行った」

長官たちは自ら出向いて来て、二人をなだめ、牢から出し、町から立ち去るように頼みました。二人はどうしたでしょうか。すぐに立ち去ったでしょうか。福音宣教を再開したでしょうか。リディアの家に行き、兄弟たちに会い、彼らを励ましました。パウロは、救われた人が励ましを受け、成長することを大切にしていました。

あなたの励ましを必要としている人は、だれでしょうか。

祈り「主よ、私たちの教会を主にあって励まし合う群れとしてください」

217

8月5日 ―― 17・1～3

「パウロは、いつものように」

テサロニケにおいても、パウロがまず最初に福音を語ったのはユダヤ人の会堂でした。パウロはどのように語ったのでしょうか。第一に、聖書に基づいて論じました。第二に、キリストは苦しみを受け、死者の中からよみがえらなければならないこと、そしてイエスさまこそがキリストであるということを語りました。

私たちが最初に福音を語らなければならない人はだれでしょうか。

祈り「主よ、まず○○さんに福音をはっきりと語らせてください」

218

8月6日 ―― 17・4～5

「ユダヤ人たちはねたみに駆られ」

ユダヤ人の会堂に集まる者の中には、パウロとシラスに従う者が大勢いました。それを見たユダヤ人たちは、ねたみに駆られました。ユダヤ人のねたみは、繰り返し登場するテーマです（5・17、13・45）。ねたみは行動になって表れ、彼らはならず者たちを集め、暴動を起こして町を混乱させ、クリスチャンであるヤソンの家を襲いました。

ユダヤ人はねたみに駆られ、暴動を起こしました。主が「あなたも気をつけなさい」と言っていることはないでしょうか。

祈り「主よ、私がねたみに駆られているとき、私の心の目を開いてください」

219

8月7日 ―― 17・6～9

「二人が見つからないので」

ねたみに駆られたユダヤ人の暴挙は続きます。第一に、無実な者（ヤソンと兄弟たち）を悪者にします。第二に、パウロとシラスを「世界中を騒がせてきた者たち」と誤ったレッテル貼りをしました。第三に、「イエスは主です」という彼らの宣教を、別の王を立ててカエサルに背く行いだとしました。すべて事実をねじ曲げたものでした。

ねたみに駆られているとき、どうしたらそれに気づくことができるでしょうか。

祈り「主よ、ねたむ私を、あなたの愛と恵みで満たしてください」

220

8月8日 ―― 17・10～12

「毎日聖書を調べた」

ベレアのユダヤ人は「素直」でした。彼らの素直さはどこから来ているのでしょうか。第一に、パウロが語るみことばを非常に熱心に受け入れました。第二に、パウロが語るメッセージがそのとおりかどうか、毎日聖書を調べました。素直な心がみことばに対する熱心を生み、みことばに対する熱心が心を素直にするのです。

ベレア人のみことばに対する態度から、私たちが学ぶべきことは何でしょうか。

祈り「主よ、私を、みことばを熱心に受け入れる素直な者としてください」

221

8月9日　―― 17・13〜15

「**群衆を扇動して騒ぎを起こした**」


テサロニケのユダヤ人はベレアでのパウロの活躍を聞き、約七十キロの道のりをやって来ました。これは何を物語っているでしょうか。彼らのねたみは解消していなかったのです。パウロが目の前からいなくなっても、彼の活躍を聞くと、ねたみが燃え上がり、しかも以前と同じこと（群衆を扇動して騒ぎを起こす）を繰り返しました。

あなたが繰り返してしまう失敗に、どのようなものがありますか。

祈り「主よ、同じ失敗を繰り返してしまう私の心に触れて、癒やしてください」

222

8月10日　―― 17・16〜18

「**心に憤りを覚えた**」


アテネはギリシア・ローマ文化の中心地でした。ソクラテスもプラトンもこの町で活躍しました。そこでパウロは三つのものを目にしました。第一に、町にあふれる偶像とそれを礼拝する人々です。第二に、ユダヤ人の会堂です。第三に、哲学者たちです。古代地中海文化の中心地でも、パウロはイエスさまと復活を宣べ伝えました。

パウロが今日の日本に来たら、何をどのように語るでしょうか。

祈り「主よ、私を置かれた場所で、ふさわしく福音を語る者としてください」

223

8月11日 ―― 17・19～21

「あなたが語っているその新しい教え」

パウロはアレオパゴス（アレスの丘、あるいは評議会）に連れて行かれました。ここでもパウロは訴えられるのでしょうか。あるいは人々はパウロが語る福音を求めたのでしょうか。どちらも違います。アテネ人も滞在する他国人も、「新しい教え」「耳慣れないこと」「何か新しいこと」を求めていただけでした。

あなたは新しい教えや耳慣れないことに興味がありますか。

祈り「主よ、『新しい教え』を求める人に対しても、知恵を用いて福音を伝えさせてください」

224

8月12日 ―― 17・22～23

「知られていない神に」

まずパウロはアテネの人たちの宗教心に触れました。彼らの偶像礼拝を直接非難するのではなく、真の神を証しするきっかけにしました。「知られていない神に」と刻まれた祭壇は、拝むのを忘れている神々がいないようにするためのものだったのかもしれません。あなたが知らずに拝んでいる神を教えましょう、とパウロは語ります。

あなたが証しをする上で、きっかけとして何を用いることができるか、一つ（以上）のものを挙げてみましょう。

祈り「主よ、私を、聞く人にわかりやすく福音を語る者としてください」

225

8月13日 ―― 17・24～25

「天地の主ですから」

アテネ人が知らずに拝んでいる神は天地の主である、とパウロは宣言します。具体的には、⑴主なる神が天地を造ったのですから、人が手で造った宮に住むことはありません。⑵神こそがすべての人にいのちを含む万物を与えているのですから、人によって仕えられる必要はありません。これらはすべて旧約聖書に基づく教えです。

この箇所の中に、証しのヒントになることは何かありますか。

祈り「主よ、みことばをかみ砕いて語ることを私に教えてください」

226 **8月14日** ―― 17・26～27
「**それは、神を求めさせるためです**」

⑴神は一人の人アダムから全人類を造り出した。⑵神はそれぞれの民がある時代と地域に住むようにした。⑶もし人が手探りで神を求めることがあれば、神を見出すこともあるだろう。⑷神は私たち一人ひとりから遠く離れてはいない。世界中に多くの宗教がありますが、キリストこそすべての人の救い主です。

あなたの周りにいる人の中で、「この人は神を求めていたのだ」と思い当たる人はいますか。

祈り「主よ、あなたこそ私の心の渇きと求めを満たす方です」

227 **8月15日** ―― 17・28～29
「**あなたがたのうちのある詩人たちも**」

パウロは、ギリシアの詩人たちが神々について語ることばを利用して、聖書の神に話を向けます。私たちは神の中に生き、動き、存在しています。しかも私たちが神の子孫だと詩人たちは語っています。これは私たちが「神のかたち」として造られたことを思い出させます。私たちは人が造った偶像を神としてはいけないのです。

私たちの周りには偶像を拝む人がたくさんいます。その人たちに証しするときに、どのようなことから話し始めるといいでしょうか。

祈り「主よ、私を知恵と確信をもって証しする者としてください」

228

8月16日 ―― 17・30〜31

「そのような無知の時代」

パウロは四つのことを語ります。⑴真の神を知らずに偶像を拝んできた時代を、神は見過ごしておられたこと。⑵神は今ではすべての人に悔い改めを命じておられること。⑶神はキリストによって世界をさばく日を定めておられること。⑷神がキリストを死者の中からよみがえらせたこと。キリストはさばきを行います。

神は無知の時代を見過ごしておられたと聞いて、どう思いましたか。

祈り「主よ、私を、無知のゆえにあなたを知らない人に、愛と知恵をもって証しする者としてください」

229

8月17日 ―― 17・32〜34

「死者の復活のことを聞くと」

パウロが（イエスさまの名前は出していませんが）死者の復活のことを語ると、人々の反応は分かれました。ある人はあざ笑い、ある人は「もう一度聞こう」と思い、ある人はパウロにつき従い、信仰に入りました。キリストの復活はさまざまな反応を生みます。

あざ笑う人と信仰に入る人の差は、どこから来ると思いますか。

祈り「主よ、知恵を用いながら、しかも大胆に復活を語らせてください」

230

8月18日 ―― 18・1〜2

「最近イタリアから来ていたのである」

パウロはコリントにやって来ました。コリントは商業都市であり、多くの偶像礼拝が行われ、不道徳の町として知られていました。そこでパウロは、アキラとプリスキラに出会いました。この夫婦は彼の協力者・支援者になりました。クラウディウス帝の命《めい》によりローマを退去させられたことが、パウロとの出会いにつながったのです。

予想外のことを通して主が導いてくださった経験を挙げてみましょう。

祈り「主はすべてのことを働かせて、益としてくださるお方です」

231

8月19日——18・3〜4

「その家に住んで一緒に仕事をした」


ユダヤ人の伝統では、教師が職業を持って生活の糧を得ながら、人々に教えを説くことを勧めていました。パウロはアキラとプリスキラの家に住み、一緒に天幕作りの仕事をしました。その一方で、安息日ごとに会堂でユダヤ人やギリシア人を説得しようとしました。

あなたの仕事と信仰のバランスで、見直しが必要な点はないでしょうか。

祈り「主よ、私に仕事と信仰生活のバランスを取るための知恵を与えてください」

232

8月20日——18・5〜6

「彼らが反抗して口汚くののしったので」


イエスがキリストであると聞いたユダヤ人たちは、反抗して口汚くののしりました（つまりキリストを冒瀆しました）。パウロはどう反応したでしょうか。「私は神のことばを語った。あなたがたはそれを拒んだ。あなたがたは神のさばきを受けなければならない。私には責任がない」というものでした。エゼキエル33・1〜9を彷彿させます。

パウロのことばは厳し過ぎる（ストレート過ぎる）と思いますか。

祈り「主よ、あなたの真理を、愛をもってはっきりと語らせてください」

233

8月21日 ―― 18・7〜8

「その家は会堂の隣にあった」

パウロはユストの家に行きました。彼は神を敬う人でした。なんと彼の家は会堂の隣にありました。この立地条件も功を奏し、会堂司クリスポと家族全員が主を信じました。また、多くのコリント人もパウロが語る福音を聞いて信じ、バプテスマを受けました。ユダヤ人の反抗の中でも、宣教の働きは実を結んでいったのです。

「これは神さまの絶妙なお取り扱いだ」と実感した経験はありますか。

祈り「主よ、人々の反抗の中でも、あなたの御手のわざは前進します」

234

8月22日 ―― 18・9〜11

「恐れないで、語り続けなさい。黙ってはいけない」

コリントで宣教を始めたときのパウロは、弱く、恐れおののいていました（Ⅰコリント2・3）。最も励ましを必要としていたときに、主が幻でパウロに現れて語りました。恐れないで語り続けよ、主がパウロとともにいる、彼に危害を加える者はいない。主のことばに支えられたパウロは、一年半腰を据えて、宣教を続けました。

あなたが「腰を据えて」すべきことは何でしょうか。

祈り「主よ、私を、腰を据えて主のわざを行う者としてください」

235

8月23日 ―― 18・12〜13

「律法に反するやり方で神を拝むよう」

パウロは、「律法に反するやり方で神を拝むよう、人々をそそのかして」いると訴えられました。確かにパウロは、キリストを信じる異邦人に割礼を強いるべきではないと教えていました。このように、キリストの恵みによって生きる信仰は、ダイナミックな生き方です。みことばによって、今までの信仰生活を常に問い直すものです。

あなたの信仰生活の中で、主が見直しを迫っていることはないでしょうか。

祈り「主よ、あなたの恵みとみことばによって、常に私を新たにしてください」

236

8月24日——18・14〜17

「自分たちで解決するがよい」


ユダヤ人たちはローマの法律に基づいてパウロを裁いてもらおうと企てました。しかし、総督ガリオはあなたがたの宗教の問題は自分たちで解決せよと言いました。私たちは、まず神の前に差し出し、神のお取り扱いを受けなければならない問題を、人の前に差し出し、人間的な方法で解決しようとしていることがあります。

あなたが神の御前に差し出さなければならないことは何でしょうか。

祈り「主よ、○○を御前に差し出します。お取り扱いください」

237

8月25日——18・18

「パウロは誓願を立てていたので」


パウロがなぜ誓願を立てていたのか、その理由はわかりません。コリントの町での安全のためでしょうか。それともエルサレムへの船旅の安全のためでしょうか。いずれにしても、パウロは自発的に誓願を立て、髪を剃りました。キリストのしもべであるパウロが、敬虔なユダヤ人であったことを示しています。このような態度は、ユダヤ人に福音を語る上で役に立ったでしょう（Ⅰコリント9・20）。

福音に反しない範囲で見直せそうな日本文化・伝統はありますか。

祈り「主よ、私に、ユダヤ人にはユダヤ人のようになる知恵を与えてください」

238

8月26日 —— 18・19～22

「神のみこころなら」

パウロは、聖霊によって禁じられなかったら、この伝道旅行でエペソに行こうと思っていたのかもしれません（16・6）。エペソの人々はもっと長くとどまるように頼みましたが、パウロは「神のみこころなら」戻って来ると断りました。宣教の働きがすべて「神のみこころ」によるものであることを、パウロはよくわかっていました。

「神のみこころなら、……」。あなたはこの後にどんな願いを続けたいですか。

祈り「主よ、あなたのみこころなら、○○をして（させて）ください」

239

8月27日 —— 18・23

「すべての兄弟たちを力づけた」

アンティオキアに戻ったパウロは、しばらくの間兄弟姉妹との幸いな交わり、祈り、みことば、証しの時を持ったでしょう。その間に再び、今までの働きの中で建てた諸教会を訪ねて、すべての兄弟姉妹たちを力づけるという思いが与えられました。アンティオキアの教会は、主の御声を聞き、主のみわざを支援する群れでした。

「すべての弟子たちを力づけ」ているパウロの姿を想像してみましょう。

祈り「主よ、私たちを、励ましを必要としている人々に、主の励ましを分かち合う者としてください」

240

8月28日 —— 18・24～25

「アレクサンドリア生まれでアポロという名の」

アポロは聖書に通じ、主の道について教えを受け、霊に燃え、イエスさまのことを正確に語っていました。しかしヨハネのバプテスマしか知りませんでした。主の働きは広く、アポロのような働き人を私たちの知らないところで備えています。その一方で、どれだけ賜物がある人でも、欠けがある場合があります。謙虚さが必要です。

あなたがさらに学ぶ必要がある聖書の教えや信仰生活の教えは、何でしょうか。

祈り「主よ、聖書の理解と聖さの両面で私を成長させてください」

241 8月29日 ―― 18・26〜28

「彼をわきに呼んで」

雄弁で霊に燃えた伝道者が、聖書の大切な教えについて欠けのある理解しか持っていなかったら、どうなるでしょうか。多くの人々に悪影響を与えてしまいます。プリスキラとアキラはそのことに気づき、アポロを「わきに呼んで」、神の道をもっと正確に教えました。教会の歩みは、そのようなチームプレーによって前進します。

あなたが「わきに呼んで」話すべき人はいないでしょうか。

祈り「主よ、愛をもってはっきり話す力を私に与えてください」

242 8月30日 ―― 19・1〜4

「信じたとき、聖霊を受けましたか」

エペソでパウロが出会った弟子たちは、「聖霊がおられるのかどうか」聞いたことがありませんでした。彼らはヨハネのバプテスマを受けていました。パウロは、ヨハネが授けたのは「悔い改めのバプテスマ」であり、イエスさまこそ聖霊をお与えになる方であることを教えました。ヨハネはイエスさまへの道備えをしたのです。

私たちが信じたときに聖霊を受けた証拠は、何でしょうか。
祈り「主よ、私のうちに住む聖霊によって私を生かしてください」

243
8月31日 ―― 19・5〜7

「**主イエスの名によってバプテスマを受けた**」

バプテスマは場合によっては受け直したほうがいいのか。聖霊を受けるのはバプテスマの前か、後か。聖霊を受けるためには手を置くべきなのか。聖霊が臨むと異言を語ったり、預言をしたりするのか等々。私たちはいろいろな疑問を持ちます。しかし、最も大切なことは、主イエスを信じた者は、主イエスの名によってバプテスマを受けること、そして救いの証印として聖霊が与えられるということです。

ローマ6・3〜5を読みましょう。何が心に留まりましたか。
祈り「主よ、私を、キリストとともに死に、キリストとともに生きる者としてください」

244

9月1日 ―― 19・8〜10

「これが二年間続いたので」

「神のみこころなら、またあなたがたのところに戻って来ます」(18・21)と言い残したパウロが戻って来ました。しかし、ある者たちは彼の語る福音を非難したので、パウロはティラノ(ある個人、あるいは地元の知識人か)の講堂に場所を移し、二年間主のことばを語り続けました。パウロはエペソで腰を据えた働きをしました。

パウロは二年間どんなことを語ったのでしょうか。思いつくだけ書いてみましょう。

祈り「主よ、頑なな私の心を、主のことばに開かれた心にしてください」

245

9月2日 ―― 19・11〜12

「驚くべき力あるわざを行われた」

力ある人の身体やその人が身に着けていたものに触れると癒やされる、と信じている人々がいました。「手ぬぐいや前掛け」とは、パウロが天幕作りのときに身に着けたものでしょう。一見すると魔術のようですが、そうではありません。神は人々の信仰心を利用して、パウロが語る福音に人々を引きつけようとしたのかもしれません。

私たちも「驚くべき力あるわざ」を求めたほうがいいのでしょうか。

祈り「力ある神は、私たちの健康をも気にかけてくださる方です」

246

9月3日 ―― 19・13〜14

「試しに主イエスの名を唱え」

この巡回祈禱師たちは、なんと軽率なことをしたのでしょうか。いろいろな宗教や魔術などを見聞きする中で、イエスさまの名も一種の呪文のように思ったのかもしれません。それまでにも祈禱に使えそうなものはいろいろ試していたのかもしれません。しかし、主イエスさまの名は、心からの信仰に基づいてお呼びするものです。

私たちにとってどのようなことをすると、主の名を「試しに」唱えることになるのでしょうか。

祈り「主よ、私を、真実に主の御名を呼ぶ者としてください」

247

9月4日 —— 19・15〜17

「**みな恐れを抱き**」

パウロはイエスの名によって、驚くべき力あるわざを行いました。その一方で、巡回祈禱師たちは悪霊を追い出せず、偽り者であることが見破られ、危害を受けました。エペソの人々はどう思ったでしょうか。「やっぱりパウロのほうが強い」ということでしょうか。いいえ。みな恐れを抱き、主イエスさまをあがめるようになりました。

このような「恐れ」の思いは、今日でも必要でしょうか。それとも不要でしょうか。それはなぜですか。

祈り「主の臨在の前で、真に主を恐れることを教えてください」

248

9月5日 —— 19・18〜20

「**皆の前で焼き捨てた**」

信仰に入った大勢の人々は、それまでの生き方を悔い改め、人々の前で告白しました。さらに、魔術を行っていた人たちは、その書物を持って来て、皆の前で焼き捨てました。キリストを主と信じる者は、みこころに反する生き方と決別します。それが多くの犠牲を伴うとしても、キリストを信じることの富とは比べられません。

あなたがはっきりと決別しなければならないものは何でしょうか。

祈り「主よ、あなたを信じる者として、○○を捨て去ります」

249

9月6日 ―― 19・21～22

「ローマも見なければならない」

御霊に示されたパウロは、なぜローマに直接行かず、エルサレムに行ったのでしょうか。おそらく異邦人教会が献げた献金をエルサレムに届けるためだったのでしょう（ローマ15・25～27）。さらにパウロは、テモテとエラストをマケドニアに遣わしました。パウロの働きは御霊の導きとチームプレーが調和していました。

御霊の導きとチームプレー。あなたはどちらを重んじる傾向がありますか。あなたに欠けているのはどちらですか。

祈り「主よ、私を、御霊に導かれたチームプレーへと導いてください」

250

9月7日 ―― 19・23～24

「銀でアルテミス神殿の模型を造り」

今までパウロに反対していたのは、ユダヤ人が中心でした。しかし、ここではデメテリオという異邦人が反対しました。ユダヤ人であっても異邦人であっても、キリストの福音は私たちの信仰も生活もお金のことまでも根本的に新しくします。ですから、アルテミス神殿の模型を造っていたデメテリオは、この道を訴え出ました。

キリストを信じることについて、あなたは今までどんな反対を受けましたか。

祈り「主よ、信仰のことで反対を受けるとき、御霊によって私を支えてください」

251

9月8日 ―― 19・25～27

「私たちが繁盛しているのは」

デメテリオは正直でした。彼らが繁盛しているのは、アルテミス神殿の模型を造り、商売をしているからだと認めています。パウロが語る福音は、そこに斬り込むものです。人の手で造ったものは神ではないということは、エペソの女神アルテミスもその神殿の価値もひっくり返すものです。福音は私たちの価値観を根本的に変えるものです。キリストを信じていることによって、あなたの価値観のどのような点を変える必要があるでしょうか。

祈り「主よ、私を、キリストを宝として歩む者としてください」

252

9月9日――19・28～31

「パウロの友人でアジア州の高官」

神殿の銀細工職人や同業者たちは激しく怒り、町中が大混乱になりました。パウロの仲間も捕らえられ、人々は劇場になだれ込みました。その一方で、パウロの友人でアジア州の高官だった人たちは、パウロが劇場に入っていのちを危険にさらすことを止めました。パウロの伝道の影響は、民衆から州の高官にまで及んでいたのです。私たちの教会は、地域とどのように関わっているでしょうか。

祈り「主よ、私たちの教会は地域とどう関わるべきでしょうか。主の知恵を与え、導いてください」

253

9月10日――19・32～34

「何のために集まったのかさえ知らなかった」

人々は一丸となってパウロに反対したのでしょうか。いいえ。それぞれ違ったことを叫び、大多数の人々は、何のために集まったのかさえ知りませんでした。これが群集心理です。私たちは周囲の影響を受けます。出る杭は打たれます。そのとき、私たちはキリストにあって「新しく造られた者」であるという立場を忘れてしまいます。

あなたがこの群衆の中にいるとしたら、何を祈りますか。

祈り「主よ、私がキリストにあって何者とされたのかを見失わないように守ってください」

254

9月11日 ―― 19・35～37

「天から下ったご神体」

町の書記官が群衆を静めるために最初に訴えたのは、エペソの人々が女神アルテミスに対して抱いている自負心でした。エペソの町は、アルテミスと、天から下ったご神体の守護者であり、そのことは否定できないということでした。人の手で造ったものは神ではないというパウロに対して、ご神体は天から下ったものだと反論しているかのようです。

アルテミスへの信仰と日本の天照大神への信仰は、似ていると思いますか。

祈り「主よ、異教の神々を信じる人たちに、真の神を証しする知恵と勇気を私に与えてください」

255

9月12日 ―― 19・38～40

「騒乱罪に問われる恐れがあります」

結局のところ、町の書記官はパウロの正しさを認めたわけではありません。デメテリオたちによる今回の騒動は正当な理由がなく、騒乱罪に問われる恐れがあります。そうすると、ローマの権力によって、エペソのアルテミス崇拝は疑問視（あるいは危険視）される可能性が出て来ます。そう言って書記官は集まりを解散させました。

あなたがデメテリオだったら、書記官の発言に対して何と言いますか。

祈り「主よ、私の心にある怒りをあなたの御手が治めてください」

256

9月13日 ―― 20・1～3

「多くのことばをもって弟子たちを励まし」

パウロは、繰り返し反対や憎しみを受けましたが、弟子たちを励ますことを忘れませんでした。エペソでの騒動が収まると、弟子たちを呼び集めて励ましました。マケドニアでも多くのことばをもって弟子たちを励ましました。ギリシアで三か月を過ごし、シリアに向けて船出しようとしていたときに、ユダヤ人の陰謀にあいました。

パウロは反対を受けないための名案はなかったのでしょうか。

祈り「主よ、私たちを互いに励まし合う者としてください。特に信仰の試練に遭うときに」

257

9月14日 ―― 20・4～6

「彼に同行していたのは」

この七人は、パウロの宣教を通して建てられた教会の代表者だったのかもしれません。エルサレムの貧しい兄弟姉妹を支えるために献げた献金を持って、パウロとともにエルサレムに向かっていたのでしょう。献金をした人たち自身が実際に行って顔と顔とを合わせることによって、互いの愛と感謝は増し加わったことでしょう。

あなたが顔と顔を合わせて会いたい人はだれでしょうか。それはなぜですか。

祈り「主よ、○○さんと顔と顔を合わせて交わる機会を与えてください」

258

9月15日 ―― 20・7～9

「私たちはパンを裂くために集まった」

トロアスで合流したパウロと同行者たちは、週の初めの日に、パンを裂くために集まりました。この集まりは、主の晩餐にあずかるためのものであったかもしれません。あるいは、食事の交わりのためであったかもしれません。どちらであったとしても、クリスチャンにとって食事をともにするということは、大切な交わりの時です。

あなたの家庭や教会で、食事をともにすることについて、何か見直す必要はないでしょうか。

祈り「主にあってともに食事をする幸いを、私たちに教えてください」

259

9月16日 ―― 20・10〜12

「**心配することはない。まだいのちがあります**」

パウロの長い話の間に眠り込んだ青年ユテコは、窓から転落死しました。パウロが彼の上に身をかがめ、抱きかかえた様子を見ると、エリヤやエリシャの奇跡を思い出します。復活の主を信じ宣べ伝えるパウロを通して、復活のいのちが分け与えられました。幸いな交わりがこの後も続き、人々は「ひとかたならず慰められ」ました。

あなたはだれのために「慰め」になれるでしょうか。

祈り「主よ、復活のいのちにあずかることが、私たちの希望です」

260

9月17日 ―― 20・13〜16

「**五旬節の日にはエルサレムに**」

なぜパウロは五旬節（ペンテコステ）までにエルサレムに着きたかったのでしょうか。五旬節は穀物の収穫を感謝し、喜ぶ日です（申命16・11）。しかも聖霊が下った日でした（使徒2・1）。彼は五旬節の日に、異邦人教会からの献金という祝福をエルサレムの教会に届け、ともに喜び合いたかったのかもしれません（ローマ15・25〜27）。

あなたが喜びを届けてくれることを待っている人は、だれでしょうか。

祈り「主よ、あなたの喜びで私を満たし、その喜びを分かち合う者としてください」

261

9月18日 ―― 20・17〜19

「**謙遜の限りを尽くし、涙とともに**」

しかしパウロは、三年間過ごしたエペソを素通りすることはできませんでした。エペソの長老たちを呼び寄せました。まずエペソで彼がどのように過ごしてきたかを語ります。エペソでの彼の働きは、⑴何よりも「主に仕え」るものでした。⑵謙遜の限りを尽くしました。⑶涙を伴うものでした。⑷数々の試練がありました。

パウロの姿勢から、あなたが特に学ぶ必要があることは何ですか。

祈り「主よ、あなたは私が試練に遭うとき、謙遜と涙をもって主に仕えることを教えてくださる方です」

262

9月19日 ―― 20・20～21

「余すところなくあなたがたに伝え」

エペソの人々の益になることは、パウロは公にも家々でも、ユダヤ人にもギリシア人にも、余すところなく教えてきました。特に、神に対する悔い改めと、主イエスさまに対する信仰を教えました。私たちには個性があり、得意不得意がありますす。それをわきまえながら、主が与えてくださる働きに積極的にあずかっていきましょう。

あなたは、口にしづらい聖書の真理や教えがありますか。

祈り「主よ、消極的な私に、大胆でオープンな信仰を与えてください」

263

9月20日 ―― 20・22～23

「御霊に縛られてエルサレムに行きます」

パウロは、エルサレム行きが聖霊のご支配によるものであることを強く意識しています。そこで何が起こるのかわかりません。聖霊は、苦しみが待ち構えていることを彼に証ししています。パウロの信仰の旅は、このような確信と覚悟に基づいていました。それと同時に、そのような試練を語ることで、パウロは兄弟姉妹の祈りによる支えを必要としていました（ローマ15・31～32）。

あなたが祈りの支えを必要としていることは、何ですか。あなたが覚悟を決めなければならないことは、何でしょうか。

祈り「主よ、私たちを互いに祈って支え合う群れとしてください」

264

9月21日 ―― 20・24

「自分のいのちは少しも惜しいとは思いません」

私たちは健康で長生きしたいと思っています。しかし、パウロはそれとは全く違った考え方をしています。パウロにとっていのちが与えられた意味は、主イエスさまから受けた「神の恵みの福音」を証しすることでした。この任務を全うできるのなら、彼は自分のいのちは少しも惜しくはないと思っていました。

「自分のいのちは少しも惜しくはない」と思う時がありますか。

祈り「私は自分のいのちを惜しむ者です。ご自分のいのちを少しも惜しまなかった主よ、感謝します」

265

9月22日 ―― 20・25〜27

「神のご計画のすべてを、余すところなく」

パウロはエペソの人々に対して、「神のご計画のすべてを、余すところなく」語ってきました。これこそ彼がいつも心を注いでいたことでした。パウロが理解していた「神のご計画のすべて」は、ローマ人への手紙に最も詳しく書かれています（彼は少し前の時期にギリシアのコリントでローマ人への手紙を書いたと言われています）。「神のご計画のすべて」を知るために、あなたに必要なことは何でしょうか。

祈り「主よ、私に『神のご計画のすべて』を教え、また語らせてください」

266
9月23日 ―― 20・28
「自分自身と群れの全体に気を配りなさい」
長老は「自分自身と群れの全体」に気を配らなければなりません。これはパウロの教えの中心となることです。第一に、長老が群れを牧するためには、まず自分自身に気を配らなければなりません。第二に、長老は群れ全体に気を配らなければなりません。神の教会は、キリストがご自分の血によって神の民とされた群れだからです。
自分自身と群れの全体に気を配るために、あなた自身はどのようなことに気をつけなければならないでしょうか。
祈り「主よ、私を、自分自身と群れ全体に気を配る者としてください」

267
9月24日 ―― 20・29～31
「目を覚ましていなさい」
教会は外側からも内側からも攻撃を受けます。外側から「狂暴な狼」が入り込んできて、群れを荒らしまわります。その一方で、内側から真理を曲げて語る者が出て来て、人々を自分の方に引き込み、教会を混乱させます。そのようなときこそ、パウロが真実に教え続けてきたことを思い起こし、目を覚ましていなければなりません。
31節のことばの中で、あなたは特に何が心に残りましたか。
祈り「主よ、私たちを互いに真実に訓戒し合う群れとしてください」

268
9月25日 ―― 20・32
「神とその恵みのみことばにゆだねます」
パウロがいないエペソで人々が頼ることができるのは、神と、神の恵みのみことばです。二つのことを覚えましょう。第一に、神と神のみことばが同一視されています。神はことばを通してご自分を現し、神のことばは神が恵み深い方であることを証しします。第二に、私たちを成長させるのは、神のみことばです。

みことばによって成長するために、あなたに必要なことは何でしょうか。

祈り「主よ、あなたの恵みのみことばによって、私たちを成長させてください」

269

9月26日 ―― 20・33〜35

「受けるよりも与えるほうが幸いである」

エペソではアルテミス神殿の模型造りが金儲けの手段になっていました（19・24〜27）。しかし、パウロは金品を貪らず、自分の手で働き、労苦して弱い人を助けました。「受けるよりも与えるほうが幸いである」というイエスさまのことばを、自分の身をもって証ししました。パウロの模範は、私たちの信仰生活を問い直すものです。

あなたが今までに「受けるよりも与えるほうが幸いである」と実感した経験はありますか。

祈り「主よ、受けることの幸いを私に教えてください。そして、それに勝る与えることの幸いを私に教えてください」

270

9月27日 ―― 20・36〜38

「皆は声をあげて泣き」

パウロと別れるときに、エペソの長老たちは皆声をあげて泣き、パウロの首を抱いて何度も口づけし、特にもう二度と会えないということばに心を痛めました。パウロとの間に真の信頼と愛があったことの表れです。パウロとエペソの教会は、三年間の間にそのような関係を築いていました。

パウロとエペソ教会の関係から、私たちは何を学べるでしょうか。

祈り「主との交わり、兄弟姉妹との交わりを、深めてください」

271

9月28日 —— 21・1〜3

「私たちは、彼らと別れて船出した」

パウロはエペソの長老たちと別れ、エルサレムを目指して出港しました。ミレトからツロまでの船旅をした距離は、千キロ近くありました。イエスさまもエルサレム（十字架）を目指して旅をしました（ルカ9・51）。イエスさまを宣べ伝えるパウロも、イエスさまの足跡に従い、エルサレムを目指していました。

「私もイエスさまの足跡に従っている」と思った経験はありますか。

祈り「主よ、私の日々の歩みを、主の足跡に従う歩みとしてください」

272

9月29日 —— 21・4〜6

「彼らは御霊に示されて」

ツロでも御霊は、パウロがエルサレムで危険に遭うことを示しました。これは旅をやめさせるためではなく、必ず起こる苦しみに心備えさせるためだったのかもしれません。彼がツロにいたのは七日間でした。この間に愛と信頼の関係を築きました。交わりを深めるために長い時間が必要な場合と、短時間で十分な場合があります。

見送りに来た妻や子どもたちに、パウロが何を言ったか想像してみましょう。

祈り「主よ、御霊の声を聞く耳と、正しい判断をする心を私に与えてください」

273

9月30日 —— 21・7〜9

「あの七人の一人である伝道者ピリポ」

エチオピアの宦官にバプテスマを授けた後、ピリポはカイサリアで福音を伝えていました（8・40）。そのピリポとパウロたちがここで出会いました。ピリポはエルサレム教会の最初の頃の様子、自分が七人に選ばれたときのこと、ステパノの殉教等を語ったでしょう。パウロはステパノ殺害に賛成していたことを語ったでしょう。迫害した者と迫害された者が兄弟同士として交わる幸い。これが主のなせるわざです。

パウロとピリポがそれぞれ証しする様子を、想像してみましょう。

祈り「我に聞かしめよ、主の物語。世にも類なく良き物語」(『聖歌』四四四番)

274

10月1日 ―― 21・10～12

「**自分の両手と両足を縛って言った**」

預言者アガボはパウロの帯を取り、自分の両手両足を縛って、エルサレムでパウロがこのような目に遭うと預言しました。旧約の預言者は、このような具体的な方法を使って、神さまからのメッセージを人々に伝えました。これを聞いたパウロの同行者もカイサリアの人々も、パウロがエルサレムに上らないようにと懇願しました。

私たちが聖書のメッセージを生き生きと伝えるために、どんな工夫ができるでしょうか。

祈り「主よ、みことばを生き生きと伝えるための知恵を、私に与えてください」

275

10月2日 ―― 21・13～14

「**いったい何をしているのですか**」

パウロはただ頑固だったのではありません。彼は兄弟姉妹が泣きながら懇願するのを聞いて、心が揺れかけたかもしれません。そこでパウロがしたことは、彼の覚悟を語ることでした。イエスさまのためなら、縛られることだけではなく、死ぬことも覚悟していると。

なぜパウロは、「そんなに止めるのなら、エルサレム行きはみこころではないかもしれない。聖霊も危険を示しているし」と思わなかったのでしょうか。

祈り「主よ、死ぬことを覚悟するとは、どういうことでしょうか」

276

10月3日 ―― 21・15～16

「**私たちは旅支度をして**」

私たちは死ぬことも覚悟していたパウロの信仰に注目します。その一方で、死を覚悟したエルサレムへの旅路は、パウロの単独行動ではなく、多くの同行者に支えられた旅でした。伝道旅行に同行していた各地教会の代表たち、カイサリアの弟子たち、そしてルカ自身。さらにパウロ一行が泊まったムナソンの協力もありました。

あなたの支えを必要としている主の働き人は、だれでしょうか。

祈り「主よ、あなたの働き人を支えるわざに、私をあずからせてください」

277

10月4日 ―― 21・17～19

「神が異邦人の間でなさったことを」


エルサレムでヤコブを訪問したパウロは、「自分の奉仕を通して神が異邦人の間でなさったことを、一つ一つ説明」しました。すなわち、パウロにとって最も重要だったことは、自分がしたことではなく、神がなさったことでした。神が何をなさったか、神のわざに自分がどうあずかったか。これこそが私たちが心を向けるべきことです。

私たちの周りで神が何をなさっているか、思い巡らしましょう。

祈り「主よ、あなたのわざの一つ一つに、私たちの目を開いてください」

278

10月5日 ―― 21・20～21

「モーセに背くように教えている」


パウロがユダヤ人クリスチャンに対して、子どもに割礼を施すなと教えたという記事は、使徒の働きにも書簡にも書かれていません。それでも、パウロがモーセに背くように教えていると信じ込んでいる人たちの誤解が、エルサレム教会に悪影響を及ぼしていました。それは神のみわざを賛美する思いをも消し去ってしまう勢いでした。

あなたが誰かを誤解していないか、祈りの中で主に尋ねましょう。

祈り「主よ、私が誤解していることに、私の目を開いてください」

279

10月6日 ―― 21・22〜24

「あなたも律法を守って正しく歩んでいることが」

ヤコブをはじめとするエルサレム教会の長老たちは、律法に熱心なユダヤ人がパウロに対して抱く敵意（殺意）の激しさを知っていました。そこで、パウロが「律法を守って正しく歩んでいること」を証明する策を考えました。パウロも、ユダヤ人を獲得するために、「ユダヤ人にはユダヤ人のようになりました」（Iコリント9・20）。

この提案は、ユダヤ人の誤解を解くために有効だと思いますか。

祈り「主よ、真の意味で『ユダヤ人にはユダヤ人のように』なることを、私に教えてください」

280

10月7日 ―― 21・25〜26

「信仰に入った異邦人に関しては」

信仰に入った異邦人は割礼を受ける必要がないということを、エルサレム会議は決定しました（15・22〜29）。パウロはその知らせをもって異邦人教会を訪ねました。私たちは問題に直面したとき、何が見失ってはならない真理なのかを思い出し、明確にしなければなりません。みことばは、「私の足のともしび」なのです（詩篇119・105）。

今あなたが思い出し、見失ってはならない神の約束は、何でしょうか。

祈り「主よ、あなたのみことばは、私の足のともしび、私の道の光です」（詩篇119・105参照）

281

10月8日 ―― 21・27〜29

「パウロが彼を宮に連れ込んだと思った」

アジアから来たユダヤ人たちは、パウロが異邦人であるトロフィモを宮の中に連れ込んだと早合点しました。パウロに対して強い敵意と憎しみを持っていたので、彼がしていることはすべて彼を責め立てる材料になりました。たとえ事実は違っていても。身を清めるために宮にいたパウロは、宮を汚したとして訴えられたのです。

あなたの心に敵意や憎しみがないでしょうか。それを主に差し出して祈りましょう。

祈り「主よ、私の心にある敵意と憎しみを、あなたの御手におゆだねします」

282

10月9日 —— 21・30〜32

「彼らがパウロを殺そうとしていたとき」

人々を動かしていたものは何でしょう。一方で、神聖な場所を汚したパウロを殺そうとしました。その一方で、千人隊長と兵士を見て、パウロを打ち殺すのをやめました。パウロに対する強い憎しみと殺意を持っていましたが、「ローマ兵士に処罰されても、パウロを無き者にしなければならない」とまでは考えてはいませんでした。

結局、人々を突き動かいていたものは、何だったのでしょうか。

祈り「主よ、自分で自分を守ろうとする私を、真実に主の恵みに頼る者としてください」

283

10月10日 —— 21・33〜36

「殺してしまえ」

大勢の群衆は、パウロを殺してしまうことを熱狂的に求めました。なぜそこまでの殺意を持っていたのでしょうか。千人隊長もそれを知ろうとしました。しかし、群衆は「それぞれ違ったことを叫び続けて」いました。言い換えると、ばらばらのことを言っていた群衆のエネルギーは、パウロを殺すという一点に集約されたのです。

パウロはどんな気持ちで「殺してしまえ」という叫びを聞いていたでしょうか。

祈り「主よ、罪の増し加わるところに、恵みも満ちあふれるということがどういうことか、私に教えてください」

284

10月11日 ―― 21・37～40

「この人たちに話をさせてください」

パウロは千人隊長に対して話しかけ、自分がタルソ出身のユダヤ人であることを話しました。そして彼を殺そうとしていた群衆に対しても、話をすることを望みました。私たちはこれだけの敵意と誤解を身に受けたら、弱気になって黙り込んでしまいます。しかし、パウロは沈黙せず、語り続けました。

パウロは説明をすれば群衆が理解すると思っていたのでしょうか。

祈り「主よ、弱気になり沈黙する私の心を強めてください」

285

10月12日 ―― 22・1～2

「パウロがヘブル語で話しかけるのを聞いて」

パウロは最初に「兄弟ならびに父である皆さん」と呼びかけて、聞く人たちに対する敬意を表しました。しかもヘブル語（おそらくアラム語）で話しかけました。ユダヤ以外の地域で生まれ育ったユダヤ人の中には、ヘブル語を話せない人がいました。パウロがヘブル語で話したということは、彼がユダヤの地となじみが深かったことを表しています。

証しする相手への敬意と共通点。あなたはここから何を学ぶ必要があるでしょうか。

祈り「主よ、相手を尊敬し、共通点を見出す知恵を私に与えてください」

286

10月13日 ―― 22・3

「神に対して熱心な者でした」

パウロは若い頃、「ガマリエルのもとで先祖の律法について厳しく教育を受け」ました。ガマリエルはパリサイ派に属し、最高法院の議員であり、「民全体に尊敬されている律法の教師」でした（5・34）。パウロは律法をしっかり学んだので、神に対して熱心な者となりました。みことばの学びが、神への熱心を生んだのです。

ガマリエルは私たちの教会にはいません。どうしたらいいでしょう。

祈り「主よ、私を主と主のみことばに熱心な者としてください」

287

10月14日――22・4〜5

「そしてこの道を迫害し」


神に対するパウロの熱心は、「この道」を迫害し、この道に従う者を死にまでも至らせるものでした。しかもパウロは、イスラエルの宗教的権威の中枢とつながり、この迫害を主導していました。このように、パウロは今自分を殺そうとしている群衆たちと同じ立場、同じ思い、同じ熱心、同じ殺意を持っていたことを語ります。

「同じ思いだな」とあなたが共感する必要がある人は、だれでしょうか。

祈り「主よ、批判ではなく共感する心を、私に与えてください」

288

10月15日――22・6〜8

「どうしてわたしを迫害するのか」


ダマスコに向かうパウロに、主イエスさまが現れました。「どうしてわたしを迫害するのか」。教会を迫害する者はキリストを迫害しているのです。なぜなら、キリストのからだである教会とキリストご自身は、一つだからです。クリスチャンに対して行う良いことも悪いことも、キリストに対して行っているのです（マタイ25・40）。

教会に対するあなたの態度で、見直しが必要な点はありませんか。

祈り「主よ、キリストのからだである教会を尊ぶことを私に教えてください」

289

10月16日 ―― 22・9～11

「主よ、私はどうしたらよいでしょうか」

神に仕えていると思っていたパウロは、実際には神と神のひとり子イエスさまを迫害していたのです。パウロはどうしたでしょうか。どうしたらよいか主に尋ねました。自分の罪と過ちが示されたとき、私たちは言い訳をします。パウロのことばは言い訳ではなく、主がお語りになることは何でもしますという態度を表しています。

あなたが、どうしたらいいか主に尋ねなければならないことは、何でしょう。

祈り「主よ、私はどうしたらよいでしょうか。教えてください」

290

10月17日 ―― 22・12～13

「兄弟サウロ」

アナニアはパウロを「兄弟」と呼びました。クリスチャンを迫害していたパウロを兄弟と呼ぶことは、アナニアが彼を心から受け入れていたことの表れです。律法に従う敬虔なアナニアが彼を兄弟として受け入れたのだから、エルサレムの人々にも自分を兄弟として受け入れてほしいと、パウロは訴えたかったのかもしれません。

「私は兄弟姉妹として受け入れられた」と実感した経験はありますか。

祈り「主よ、私たちを互いに兄弟姉妹として受け入れ愛し合う群れとしてください」

291

10月18日 ―― 22・14～15

「私たちの父祖の神は」

パウロが異邦人にイエス・キリストの福音を宣べ伝えているのは、アナニアにとってもパウロにとっても、そしてエルサレムの人たちにとっても共通する「私たちの父祖の神」がパウロを選んだからでした。神がパウロを選んだ目的は、彼が神のみこころを知り、キリストを見、キリストの声を聞いて、キリストの証人となることです。
それでは、神があなたを救った目的は何でしょうか。
祈り「主よ、私にもあなたを見させ、みこころを教え、御声を聞かせてください」

292

10月19日——22・16

「何をためらっているのですか」

パウロはキリストの福音を異邦人に伝えるために神が定めた「選びの器」でした（9・15）。このことを伝えるアナニアのことばを聞いてパウロの目が見えるようになったということは、彼が自分の罪を悔い改めてキリストを信じたことを示しています。残されたことは、彼の悔い改めと信仰をバプテスマによって表すことでした。
あなたは神さまとの関係で何かためらっていることがありますか。

祈り「主よ、ためらう私に信仰の新しい一歩を踏み出させてください」

293

10月20日——22・17～18

「私は夢心地になりました」

パウロは回心から三年後、エルサレムに上りました（ガラテヤ1・18）。パウロはギリシア語を話すユダヤ人と論じ合い、いのちを狙われていたので、兄弟たちは彼をタルソに送り出しました（使徒9・29～30）。その背後には、彼が宮で祈っていたときに主を見、エルサレムを離れるように主から命じられた経験があったのです。
私たちも、「夢心地」の経験を求めたほうがいいのでしょうか。
祈り「パウロに語られた主よ、私にもお語りください」

294

10月21日 ―― 22・19～21

「わたしはあなたを遠く異邦人に遣わす」

なぜパウロはこのとき、かつて犯した罪を主に語ったのでしょうか。そのことが彼の心の責めだったからでしょうか。ここで確かなことは、パウロを異邦人伝道に遣わしたのは主であるということです。かつてどのような罪や失敗を犯したとしても、それを赦してくださった主は、ご自分のしもべに新しい道を示してくださるのです。

主はあなたに、何か新しい道を示していないでしょうか。

祈り「私の罪を贖われた主は、私を新しい道に導かれる方です」

295

10月22日 ―― 22・22～24

「人々は彼の話をここまで聞いていたが」

パウロはかつて彼がクリスチャンを迫害していたこと、その彼に神が現れたことを話してきました。人々は彼の証しに耳を傾けていました。しかし、パウロを異邦人に遣わしたのは神であるということを聞いたとき、彼に対する憎しみと殺意が再燃しました。

どうして人々はパウロの話を聞いて、「それでは神は異邦人を救おうと望んでおられるのだ」と受け止められなかったのでしょうか。

祈り「私は自分の思いに縛られています。主よ、私の心をあなたにある自由に解き放ってください」

296

10月23日 ―― 22・25～28

「パウロの手足を広げたとき」

パウロがローマ市民であることを明かすタイミングには、いつも驚かされます。もっと早く言っていれば、いろいろな苦痛が避けられたでしょう。言うのが遅すぎて、聞き入れられずに拷問が始まる可能性もあったはずです。彼は死を覚悟していました（21・13）。しかし、ここで死んだら、ローマに行けなくなってしまいます。

あなたがパウロだったら、どのタイミングでローマ市民だと言いますか。

祈り「主よ、私が試練に遭うとき、いつ何を言うべきか教えてください」

297
10月24日――22・29〜30
「すぐにパウロから身を引いた」

ローマ兵たちとパウロの態度は対照的です。兵士たちも千人隊長も、ローマ市民であるパウロをむち打ちにしようとしていたので恐れました。パウロはローマ市民である特権を最後の最後まで口にせず、潔く死を覚悟していました。ローマ帝国の権力下にある者よりも、キリストの弟子であるパウロのほうが堂々としていました。

あなたは身を引こうとしていることがありますか。

祈り「主よ、私は恐れ身を引く者です。主にある潔さを私に与えてください」

298
10月25日――23・1〜2
「あくまでも健全な良心にしたがって」

ここでパウロは、「健全な良心にしたがって、神の前に生き」るという生き方があり、それが可能であると言っています。パウロ自身がそのような生き方をしてきました。私たちはクリスチャンとして、罪赦された者として生きています。その一方で、神の前に良心が責められることのない生き方を求め、目指していく必要があります。

あなたは神さまの前で自分の良心が責められることがありますか。そのとき、どうしますか。

祈り「主よ、私を、主の前に健全な良心にしたがって生きる者としてください」

299 10月26日 —— 23・3〜5

「白く塗った壁よ、神があなたを打たれる」

イエスさまも、外側は正しく見せていても、内側は偽善と不法でいっぱいの律法学者やパリサイ人のことを、「白く塗った墓のようなものだ」と言いました（マタイ23・27〜28）。パウロも、律法に従ってさばく立場にありながら、律法に背いている大祭司に対して、その偽善を明らかにし、神のさばきを宣告しました。

あなたの心や生き方の中に、「白く塗った壁」になっているところはないでしょうか。

祈り「主よ、私が偽善に陥りそうなとき、聖霊によって守ってください」

300 10月27日 —— 23・6〜8

「私は死者の復活という望みのことで」

パウロは「死者の復活」を取り上げました。これはサドカイ人とパリサイ人の間で論争になっていた問題です。パウロは論争を引き起こすために、死者の復活を利用したのでしょうか。いいえ。パウロは繰り返し「死者の復活という望み」を語っています。復活は、パウロにとってもイスラエルにとっても、神にある希望なのです。

復活が私たちの希望である、と聞いてどう思いますか。

祈り「復活の主よ、私を復活の希望で満たし、復活の希望によって生かしてください」

301 10月28日 —— 23・9〜10

「この人には何の悪い点も見られない」

パリサイ人とサドカイ人の論争が激しくなるにつれて、パリサイ人はパウロを擁護するようになりました。「イエスは主です」ということまでは受け入れていなかったでしょう。それでも、霊か御使いがパウロに語りかけたのかもしれないと思うまでになりました。皮肉にも、サドカイ派への敵意が、パウロへの敵意を和らげたのです。

あなたにも「敵の敵は味方」という思いや経験はないでしょうか。

祈り「主よ、私は敵意で動く者です。私を真の交わりに生きる者としてください」

302

10月29日 ―― 23・11

「雄々《おお》しかれ」（文語訳）

引き裂かれてしまうほどの敵意と混乱に見舞われたその夜、主がパウロのそばに現れました。「わたしがともにいる。だから勇気を持ち続けよ。お前はエルサレムでわたしのことを証しした。同じように、ローマでも証ししなければならないのだ」。イエスさまは気落ちした者とともにいて、慰め、励まし、その上で新たな一歩を踏み出させてくださる方です。

主はどのようなことであなたに、「勇気を出せ」と言っておられるでしょうか。

祈り「気落ちした者を慰め、励ましてくださる主よ。感謝します。あなたがともにいてくださらなければ、私は死んでしまいます。インマヌエルなる主よ」

303

10月30日 ―― 23・12～15

「パウロを殺すまでは何も口にしない」


陰謀を企てた四十人は、激しい殺意を持っていました。「私たちは、パウロを殺すまでは何も口にしない、と呪いをかけて堅く誓いました」。これが神を信じる者のすることでしょうか。パウロを律法に逆らう者だと訴えながら、自分たちは殺人を企てていました。私たちは憎しみのスイッチが一度入ると、自分を見失ってしまいます。

四十人が「自分たちは何をしようとしてるんだ」と我に返って、自分の愚かさに気づく術はなかったのでしょうか。

祈り「主よ、私は自分を見失う者です。私の心の目を開いてください」

304 10月31日 —— 23・16〜19

「ところが、パウロの姉妹の息子が」

パウロの甥が、どのような経緯でこの企てのことを聞いたのかは、わかりません。陰謀を知った彼自身も、自分の身を危険にさらすことになります。それでもこの青年から、パウロ、百人隊長を経て、千人隊長に話が伝わりました。このようにパウロを殺害しようとする（神さまのみわざを妨害しようとする）人間の企ての中でも、神さまのみこころはこれらの人々を通して一歩一歩進んでいきました。

あなたは神の不思議な摂理のわざを経験したことがありますか。

祈り「主よ、あなたの摂理の御手のわざが、私の人生を、そして全世界を覆っていることに、私の目を開いてください」

305

11月1日 ―― 23・20～22

「信じないでください」「だれにも言うな」

緊迫した状況の中で、青年と千人隊長の本気の対話が行われました。青年は自分のいのちを危険にさらしながら、ユダヤ人たちのパウロ殺害計画を隊長に伝え、彼らに同調しないように懇願しました。千人隊長も、このことをだれにも言わないように命じました。このような真剣な人々を通して、パウロはいのちの危機を脱したのです。

あなたが真剣に向き合って話さなければならない人は、だれですか。

祈り「主よ、○○と真剣に向き合って話す道を開いてください」

306

11月2日 ―― 23・23～25

「歩兵二百人、騎兵七十人、槍兵二百人」

これほどの兵士を動員したことに、千人隊長のパウロに対する思いが表れています。パウロは無罪であり、ローマ市民で保護されるべき人物です。夜九時に出発したということは、緊急に安全を確保するためでしょう。ローマで証ししなければならないという主のことばが実現するために（23・11）、千人隊長も用いられたのです。

あなたの周囲に、クリスチャンのために良くしてくれるどのような人がいるでしょうか。

祈り「主よ、あなたは教会外の人を通しても働いてくださる方です」

307

11月3日 ―― 23・26～30

「ローマ市民であることが分かったからです」

総督フェリクスへの手紙で千人隊長リシアは、パウロがローマ市民であることが分かったので彼を救い出した、と報告しました。これは事実と異なります。むちで打とうとしているときに、彼が市民であることを知ったのです（22・25）。千人隊長の保身の思いが詰まった手紙も、パウロの安全とローマ行きのために用いられました。

あなたの弱さは何ですか。それを主に差し出しましょう。

祈り「主よ、私は弱く、保身に走る者です。あわれんでください」

308

11月4日――23・31～35

「彼を保護しておくように命じた」

パウロはローマの兵士たちに護送されて、カイサリアに無事到着しました。総督は予備的にパウロの出身地を確認し、訴える者たちがエルサレムから来るまで、彼を保護しておくように命じました。ここでも神を信じないローマ総督が、パウロの安全を確保しました。神さまの摂理の御手のわざです。

教会外の人と良い関係を持つために、どのような工夫が必要でしょうか。

祈り「主よ、教会外の人と良い関係を保つための知恵を、私に与えてください」

309

11月5日――24・1～3

「テルティロという弁護士と一緒に」

その五日後、ユダヤ人の指導者たちは、パウロを有罪にするためのあらゆる準備をしてカイサリアに下って来ました。大祭司アナニア、数人の長老たち、弁護士テルティロというチームでパウロを告訴しました。テルティロは総督フェリクスの業績をたたえながら、パウロがその平和を破壊する首謀者であると訴えました。

クリスチャンにもお世辞や社交辞令は必要でしょうか。それはなぜですか。

祈り「主よ、私を、愛をもって真理を語る者としてください」

310 11月6日 —— 24・4～9

「この男はまるで疫病のような人間で」

テルティロはパウロを極悪人に仕立て上げました。彼は疫病のような人間で、放っておいたら周りに害が及ぶこと。世界中のユダヤ人の間に騒ぎを起こしており、ローマ帝国の平和を乱していること。宮を汚してユダヤ人の反感を買ったこと。神の器であり多くの実を結んでいたパウロを、テルティロは罪に定めようとしたのです。

あなたはだれかを責める思いがありますか。それを主に祈りましょう。

祈り「主よ、私は人を責め立てる者です。人を責める思いから、私を解放してください」

311 11月7日 —— 24・10～13

「喜んで私自身のことを弁明いたします」

自分への不当な訴えに対して、パウロは事実に基づいて弁明をしました。まず、パウロは「礼拝のために」エルサレムに上ったのであって、騒ぎを起こす意図は全くありませんでした。次に、彼がエルサレムにいた期間はほんのわずかで、その間に彼が群衆を扇動するのを見た者はだれもいませんでした。

弁明と言い訳はどこが違うのでしょうか。

祈り「主よ、私を言い訳ではなく、弁明をする者としてください」

312 11月8日 —— 24・14～15

「次のことは認めます」

続いてパウロは、自分が確信している内容を公に認めます。第一に、イエスをキリストと信じることこそ、真の意味でイスラエルの神を信じ仕えることであることです。第二に、旧約聖書（律法と預言書）をすべて信じていることです。第三に、神は正しい者も正しくない者も復活させるという希望を抱いていることです。
あなたはこの三つのことを確信していますか。
祈り「主よ、私を神に仕え、みことばをすべて信じ、復活の希望に生きる者としてください」

313

11月9日 ―― 24・16

「最善を尽くしています」

パウロは「いつも、神の前にも人の前にも責められることのない良心を保つように、最善を尽くして」いました。罪を犯さない人はいません。しかしパウロは、「私は弱いから罪を犯したり、人から責められても仕方がない」などと考える暇もなく、ひたすら神と人の前に責められることのない生き方をするように努めていました。
責められることのない良心を保つために、何ができるでしょうか。
祈り「主よ、私に、責められることのない良心を保つ生き方をさせてください」

314

11月10日 ―― 24・17～21

「死者の復活のことで」

何年かぶりにエルサレムに帰って来たパウロがしたことは、同胞に対して施しをし、ささげ物をし、清めを済ませて宮にいたことだけでした。訴えられているような騒ぎは起こしていません。パウロはただ一言、「死者の復活のことで、私は今日あなたがたの前でさばかれている」と叫んだだけでした（23・6参照）。
パウロの弁明を聞いた大祭司アナニアはどう思ったでしょうか。
祈り「主よ、敵意で曇った私の目を、あなたのみわざに開いてください」

315

11月11日 ―― 24・22～23

「ある程度の自由を与え」

パウロの監禁は続きました。その意味で彼は束縛されていました。しかし、「ある程度の自由」が与えられました。その結果、「仲間の者たちが彼の世話をする」などの交わりが持てました。パウロの手紙のいくつかは、この期間に書かれたのではないかと考える人もいます。束縛された中でも、主は自由を残していてくださいました。

あなたを束縛するものがありますか。その中で主はどのような道を残しておられる（あるいは開いておられる）でしょうか。

祈り「主は束縛された中でも、私に自由を与えてくださる方です」

316

11月12日 ―― 24・24〜25

「折を見て、また呼ぶことにする」

監禁の期間は証しの場としても用いられました。フェリクスと妻ドルシラは、パウロからキリスト・イエスに対する信仰について話を聞きました。併せて、パウロは悔い改めについても語りました。罪を悔い改めてキリストを信じる。福音のメッセージを聞いたときに、フェリクスはすぐに応じず、結論を先延ばしにしました。

あなたは決断を先延ばしにしている事柄はないでしょうか。

祈り「主よ、私は決断を躊躇する者です。あなたの問いかけに対して、私がすぐに応じられますように」

317

11月13日 ―― 24・26〜27

「金をもらいたい下心があったので」

フェリクスは「折を見て、また呼ぶことにする」（24・25）とパウロに言いました。しかし実際には、「パウロから金をもらいたい下心」と「ユダヤ人たちの機嫌を取ろう」という思いで動きました。悔い改めと信仰について聞いても、実を結ぶことはありませんでした。お金に対する執着と人の機嫌を取る思いに支配されていたからです。

あなたはお金に執着し、人の機嫌を取ろうとする思いがないでしょうか。祈りの中で吟味しましょう。

祈り「主よ、お金と人の機嫌に対する私の思いをきよめてください」

318

11月14日 —— 25・1〜3

「待ち伏せして」

パウロは監禁されたまま二年が経ちました。祭司長たちはパウロのことを忘れてしまったでしょうか。いいえ。彼に対する殺意は燃え続けていました。パウロが目の前にいなくても、監禁されているため直接的な影響力がなくても、彼に対する敵意は消えることがありませんでした。フェストゥスに会ったとき、それが再燃しました。

あなたの心に敵意や憎しみがありますか。主の前に差し出しましょう。

祈り「主よ、私の心にある敵意と憎しみを御手にゆだねます」

319

11月15日 —— 25・4〜5

「その男に何か問題があるなら」

フェストゥスはなぜパウロがカイサリアに監禁されているか、その経緯を知っていたはずです。ユダヤ人たちがパウロを殺害する陰謀を企てていて、千人隊長ルシアがパウロをカイサリアに護送したのでした。再燃するユダヤ人の殺意に対して、フェストゥスはここではローマ総督としての正義を訴えました。

あなたが「筋を通して」考えなければならない問題はありますか。

祈り「主よ、私が筋や正義を重んじるべきときに、愛の心をもってそうできますように」

320

11月16日 ―― 25・6～8

「**多くの重い罪状を申し立てた**」

カイサリアに下って来たユダヤ人たちは、「多くの重い罪状」を申し立ててパウロを訴えました。どんなに彼を憎み、殺意を抱いていても、その訴えは事実ではありませんでした。私たちは、その人が憎むべきことをしたから憎むのではありません。その人を憎んでいるので、その人のすることのすべてが憎むべきものに見えるのです。

パウロへの憎しみから彼らが解放される方法はないのでしょうか。

祈り「主よ、私は自分の憎しみを自分で解決できません。御霊が助けてください」

321

11月17日 ―― 25・9～12

「**私はカエサルに上訴します**」

パウロはローマで主のことを証ししなければならないと、主ご自身からことばを受けていました（23・11）。カイサリアで二年が経ち、再びエルサレムに戻って裁判を受ける可能性が浮上したとき、彼はカエサルに上訴しました。パウロがいつこのような考えを持ったのかはわかりませんが、この上訴でローマ行きの道が開けました。

主があなたに決断させようとしておられることは、何でしょうか。

祈り「主よ、あなたの道を私に教え、歩ませてください」

322

11月18日 ―― 25・13～16

「**パウロの件を王に持ち出して**」

さまざまな人物の思惑と背景の中で、パウロの事態は進んでいきます。アグリッパ王は12章に登場したヘロデ・アグリッパ一世の息子です。ベルニケはアグリッパ王の姉妹でした。総督フェストゥスは、ユダヤ人の機嫌を取りつつも、パウロを有罪にする証拠がつかめずにいました。パウロの件を相談する絶好の機会が訪れました。

　人の思惑を超えて主の御思いがなされていくことを、実感した経験はありますか。

祈り「主よ、人の思惑の中でも、あなたのみこころは確実に実現します」

323

11月19日 ―― 25・17～19

「彼ら自身の宗教に関すること」

　フェストゥスはパウロが犯罪を犯していないことがわかっていました。言い争っている点は、「彼ら自身の宗教に関すること」でした。それではなぜ彼は、パウロを無罪と宣言して釈放しなかったのでしょうか。ユダヤ人の機嫌を取るためでしょうか。あるいはローマ市民であるパウロが釈放後に殺害されるのを防ぐためでしょうか。

　あなたが今、どう対応したらいいか困っている問題は何ですか。

祈り「私の重荷を日々ともに背負ってくださる主よ、あなたの日々の支えが私を生かします」

324

11月20日 ―― 25・20～22

「保護してほしいと訴えたので」

　パウロの件にどう対処するか困惑する姿に、フェストゥスの本性が表れています。第一に、ユダヤ人の機嫌を取るためにこの件を利用しました。第二に、エルサレムでの裁判を持ちかけました。パウロの監禁を続ける理由を、彼が保護を求めたからだとしました。自分が判断できなかったにもかかわらず、パウロのせいにしたのです。

　自分の問題点を、他の人のせいにしていることがないでしょうか。

祈り「主よ、私が自分の問題を人のせいにせず、受け入れる謙虚な心を与えてください」

325

11月21日 —— 25・23〜27

「訴える理由を示さないのは、道理に合わない」

フェストゥスにはローマ皇帝に書き送るべきパウロの罪状がありませんでした。そこでユダヤ教に通じたアグリッパ王に頼って、何とか書き送るべきことを見つけようとしました。訴える理由がなければ、パウロを無罪と宣告して解放すればよかったのですが、ユダヤ人の機嫌を取ろうとするフェストゥスにはそれができませんでした。

あなたがフェストゥスの立場にいたら、どうしたでしょうか。

祈り「主よ、私に、人の機嫌を取る道ではなく、主の道を歩ませてください」

326

11月22日 —— 26・1〜3

「アグリッパ王よ」

パウロの弁明は、彼自身の弁明である以上に、アグリッパ王に対する証しと個人伝道になっています(26・28〜29)。それは同時に、パウロが回心したときに主が語ったこと(王たちに証しすること)の実現でもありました(9・15)。ここでもローマ総督を通して行われたことが、主のみこころを実現するために用いられました。

職場や学校で、キリストを証しするためにどんな工夫ができるでしょうか。

祈り「主よ、職場や学校で主が備えておられる証しの機会を私が生かせますように」

327

11月23日 —— 26・4〜6

「約束に望みを抱いているために」

パウロは若いころからパリサイ人として厳格な信仰生活を送ってきました。そして神が父祖たちに与えた約束に望みを抱いていました。その望みとは何でしょうか。死者の復活です。イスラエルの希望は復活にありました。パウロが証ししていたのは、イエスさまの復活こそがイスラエルの希望を実現するものだということでした。

復活を信じることが、私たちの望みになっているでしょうか。

祈り「復活の主よ、私を復活の希望と栄光に満たしてください」

328

11月24日　26・7〜8

「私はこの望みを抱いているために」

パウロはイスラエルの十二部族が夜も昼も熱心に神に仕えていること、そして約束のものを得たいと望んでいることを語ります。その望みとは、散らされているすべてのイスラエルの民が一つに集められるという預言の成就です（エゼキエル37・15〜28）。この約束がイエスさまによって実現するということを、ユダヤ人たちは受け入れず、パウロを訴えました。

あなたは聖書の預言について、最近どんなことを考えていますか。

祈り「主よ、あなたの約束が必ず実現することこそ私の望みです」

329

11月25日　26・9〜11

「彼らに対する激しい怒りに燃えて」

パウロはクリスチャンに徹底して反対すべきだと確信し、激しい怒りに燃えてそれを実行に移しました。私たちはパウロのように迫害することはしません。しかし、何かに対する激しい感情を持つと、自分でも歯止めのきかない行動に出てしまうことがあります。

パウロはクリスチャンを迫害すべきだと確信していました。この確信は、そもそもどこから来ていたのでしょうか。みことばでしょうか。主の声を聞いたのでしょうか。

祈り「主よ、私を、羊飼いであるあなたの御声を聞き分け、従う者としてください」

330

11月26日 ―― 26・12～14

「**なぜわたしを迫害するのか**」

パウロのクリスチャン迫害は、「祭司長たちから権限と委任を受け」るというお墨付きを得たものでした。そのとき、主イエスさまがパウロに現れたのです。パウロは主に熱心なあまりクリスチャンを迫害していました。しかし主が語ったことは、彼は主に仕えているのではなく、主を迫害しているということでした。

それでは、主はあなたに対して、今、何と語っているでしょうか。

祈り「主よ、お話しください。しもべは聞いております」

331

11月27日 ―― 26・15～16

「**あなたを……証人に任命するためである**」

人間的に見れば、「パウロはイエスさまを迫害していたのだから、もう失格だ」ということになるでしょう。しかし、主の御思いは違いました。ご自分を迫害していたパウロに目を留め、召して、ご自分を証しする者としたのです。主のあわれみが罪人のかしらであるパウロを生まれ変わらせたのです。

Iテモテ1・12～17を読みましょう。何に目が留まりましたか。

祈り「主よ、罪人のかしらの私に目を留めてくださるあなたのあわれみに感謝します」

332

11月28日 ―― 26・17～18

「**わたしは……彼らのところに遣わす**」

主イエスさまは何のためにパウロを召したのでしょうか。それはユダヤ人と異邦人をともに、イエスさまが成し遂げた救いのみわざにあずからせるためです。彼らの目を開き、闇から光に、サタンの支配から神に立ち返らせ、イエスさまを信じる信仰によって罪の赦しを得て、復活のいのちをともに相続する者とするためです。

福音を伝えるために、あなたにはどのような役割がありますか。

祈り「主よ、福音の恵みを伝える者として私を生かしてください」

333

11月29日 —— 26・19〜21

「私は天からの幻に背かず」

パウロが「殺されるくらいだったら、福音を語るのをやめよう」と考えていたら、どうなったでしょうか。彼が第一にしたことは、「天からの幻に背か」ないこと、つまり主のことばに心から従うことでした。そしてパウロは悔い改めを宣べ伝えました。悔い改めを語るパウロを、ユダヤ人は殺そうとしました。これが私たちの生まれながらの性質です。私たちの心は悔い改めようとしません。むしろ、悔い改めを語る者を罪に定めて、無き者にしようとするのです。

今あなたが従順に従うべき主のことばは、何でしょうか。

祈り「天の幻を通してパウロに語った主よ、あなたは今日、どのように私に語っているのですか」

334

11月30日 —— 26・22〜23

「私は今日に至るまで神の助けを受けながら」

弁明を終えるにあたって、パウロは今日に至るまで「神の助け」を受けながら証しをしてきたと語りました。何を証ししたのでしょうか。預言者たちやモーセが後に起こると語ったことは、イエスさまによって実現したということでした。イエスさまの十字架の死と復活、これこそがユダヤ人にも異邦人にも救いの光なのです。

あなたが「神の助け」を必要としているのは、どのようなことですか。

祈り「主よ、あなたの助けによって、私の歩みを確かなものとしてください」

335

12月1日 ―― 26・24〜27

「真実で理にかなったことば」

フェストゥスはパウロの弁明を聞いて、彼の頭がおかしくなっていると言いました。しかしそうではありません。パウロは旧約聖書に基づいて、「真実で理にかなったことば」を語ったのです。神を信じない者には愚かに見えても、聖書に基づき、キリストによって実現した証言ほど、真実で理にかなったものはないのです。

あなたはキリストの十字架の死と復活が真実で理にかなっていることを、どのように証ししますか。

祈り「主よ、あなたのことばは真実で理にかなっています」

336

12月2日 ―― 26・28〜29

「キリスト者にしようとしている」

パウロの弁明は二重のメッセージになっていました。一つは、パウロがアグリッパ王にキリストを信じるようにという意図をもって証ししていたことです。もう一つは、預言者によって語られた聖書のメッセージを信じるようにということです。パウロの意図を受け入れない王は、聖書のメッセージも受け入れなかったはずです。

あなたは、話している相手の「意図」と「内容」のどちらを重んじやすいですか。

祈り「主よ、私を、みことばを語る『通り良き管』としてください」

337

12月3日 ―― 26・30〜32

「王と総督とベルニケ……は立ち上がった」

キリストを信じるようにとパウロに迫られたアグリッパ王と総督および同席者たちは、立ち上がって退場しました。この尋問を終えるも続けるも、彼らが意のままにできました。彼らはパウロが無実であることを確信しました。その一方で、キリストを信じるか否かというもう一つのさらに大切な問題の答えは、出さないままでした。

信仰について、あなたが態度を決めるべきことはありますか。

祈り「主よ、信仰の決断をすべきときに、決断する勇気を私に与えてください」

338
12月4日――27・1〜3
「ユリウスはパウロを親切に扱い」


これまでパウロは、ユダヤ人の憎しみを一身に受けていました。しかしこの旅では、多くの人たちの好意と親切を受けます。アリスタルコとルカ（「私たち」〈27・1〉）が同行しました。百人隊長ユリウスも「パウロを親切に扱い」、シドンで友人のところへ行くことを許しました。そこでパウロはもてなしを受けました。

あなたが今までに受けた親切を、できるだけ多く思い出してみましょう。

祈り「今まで私は多くの親切を受けました。主よ、私を親切な者としてください」

339
12月5日――27・4〜8
「風のせいでそれ以上は進めず」


一万六千キロを超えるローマへの船旅は、最初の段階から天候の影響を強く受けたものでした。何度も向かい風の影響を受けて、やっとのことで航行を続けました。これからの旅の困難を予感させます。

あなたは今、どのような「逆風」に直面していますか。

祈り「主よ、逆風の中でも、主がともにおられることを私に現してください」

340

12月6日 ―― 27・9～10

「私の見るところでは」

ユダヤの暦では、断食の日は九月の後半から十月の初旬に当たります。九月ごろから航海が危険になり、翌三月までの冬の期間には航海が行われていませんでした。伝道旅行で船旅を繰り返してきたパウロは、自分の経験と知恵を用いて、この時期に航海することはいのちを危険にさらすことになると人々に警告しました。

あなたが経験と知恵を用いて、冷静に判断すべきことは何でしょうか。

祈り「主よ、私が知恵を用いて、冷静な判断ができますように」

341

12月7日 ―― 27・11～12

「そこで冬を過ごそうということになった」

豊富な経験と知恵に基づくことばに、人々が耳を傾けないことがあります。人々が自分の都合と利益を最優先に考えているときです。今停泊している「良い港」は冬を過ごすのに適していませんでした。多数の人々がフェニクスまで行って、そこで冬を過ごしたいと考えていました。パウロの警告は、この多数の声にかき消されました。

あなたが耳を傾けなければならない「少数の声」は何でしょうか。

祈り「主よ、私を、小さな声に耳を傾ける者としてください」

342

12月8日 ―― 27・13～14

「人々は思いどおりになったと考え」

そこに穏やかな南風が吹いて来ました。もはや彼らのフェニクス行きを止められるものはありません。パウロの警告は無視され、海岸沿いを西に航行し始めました。私たちは強い思いを持っていると、すべてのことを自分の都合に合わせて考えてしまいます。ところが、間もなく彼らの進路を妨げる暴風が陸から吹き降ろして来ました。

人々はどうしてパウロの警告を聞けなかったのでしょうか。

祈り「主よ、あなたが人を通して語るとき、私がそれを聞き分ける耳を与えてください」

343

12月9日――27・15〜17

「私たちは流されるままとなった」


一度暴風に巻き込まれた船は、流されるままとなるだけでした。船にできることは、ただ持ちこたえることでした。彼らは、暴風によって船が破壊されないように、綱を船体に巻いて補強しました。また、浅瀬に乗り上げないように、船具（あるいは錨）を降ろして、流れるに任せました。文字どおり嵐が過ぎ去るまで耐え続けました。

あなたが今、忍耐して持ちこたえるべきことは、何でしょうか。

祈り「主よ、あなたの約束が実現するまで、聖霊によって私に忍耐を与えてください」

344

12月10日――27・18〜20

「私たちが助かる望みも今や完全に絶たれようとしていた」


船に乗っている人々は、助かる望みが完全に絶たれようとしていました。どういう状況だったのでしょうか。船は暴風に激しく翻弄されていました。太陽も星も見えない日々が何日も続きました。絶望した彼らは積荷を捨て始め、自分たちの手で船具も投げ捨てました。助かる望みが絶たれていく中でも、彼らはできることをしました。

あなたは絶望的な状況ですか。その中でもできることは何でしょうか。

祈り「主よ、私の望み、それはあなたです」（詩篇39・7参照）

345

12月11日 ―― 27・21～22

「しかし今……元気を出しなさい」

過去は変えられません。過去のことばかり言っていても道は開けません。しかし、過去に目をつぶるとしたら、同じ過ちを繰り返します。パウロはこの問題に絶妙のバランスを取ります。過去を受け止めつつ、彼らが今、何に目を向けるべきかを語りました。人々の望みが絶たれたときに、彼は神さまから来る希望を語ったのです。

主は今、あなたにどのような希望（望み）を語っているでしょうか。

祈り「主こそ私の望み、私の拠り所です」（詩篇71・5参照）

346

12月12日 ―― 27・23～26

「神の御使いが……こう言ったのです」

パウロは人間的な思いから人々を励ましたのではありません。パウロが語る希望は、神から出たものでした。主の御使いがパウロに現れて、彼が必ずカエサルの前に立つこと、そして神が同船している人たちを皆彼に与えておられると語りました。パウロは自分たちが神の御手のうちにあることを御使いのことばによって確信したのです。

私たちはどうしたら「神が語った」と確信できるのでしょうか。

祈り「主よ、あなたの御思いを、私にもはっきりとお語りください」

347

12月13日 ―― 27・27～29

「夜が明けるのを待ちわびた」

十四日目の夜、船が陸地に近づいているのがわかりました。皆は大喜びしたでしょうか。いいえ。暗礁に乗り上げることを恐れました。そして夜が明けるのを待たなければなりませんでした。私たちは念願のものを手に入れる前に、恐れと闘うこと、そして待つことを学ばなければなりません。そのときに聖霊が働いてくださいます。

あなたはどんな恐れがありますか。その中で主は何と語っておられるでしょうか。

祈り「恐れの中でも、主を待ち望むことを私に教えてください」

348

12月14日 ―― 27・30～32

「水夫たちが船から逃げ出そうとして」

水夫たちは自分が助かりたいがあまり、船で逃げ出そうとしました。水夫がいなくなったら船はどうなるのでしょうか。嵐が収まっていない中で小舟は安全に上陸できるのでしょうか。このようなことを水夫は考えていなかったでしょう。自分だけが助かろうとする行動は、全体の利益にならず、神さまの御思いに沿わないものです。

あなたは、この水夫たちに似ているところがないでしょうか。

祈り「主よ、私は自分を第一にする者です。私の心を新しく造り変えてください」

349

12月15日 ―― 27・33～34

「ですから、食事をするよう勧めます」

十四日間食事を取らなかった一同に対して、パウロは食事をするように勧めました。どこかの陸地にたどり着く時が近づいていました。食糧を蓄えておかなくても主はその地で必要を満たしてくださいます。上陸のための働きに向けて力をつける意味もあったでしょう。主の救いの時を迎えるために最初にすることは、食事でした。

主は力を与えるために、あなたに何を勧めているでしょうか。

祈り「主のわざをするために、主よ、私にあなたの力を満たしてください」

350

12月16日 ―― 27・35〜38

「彼はパンを取り」

そしてパウロはパンを取り、一同の前で神に感謝の祈りをし、それを裂いて食べ始めました。彼は聖餐式を行ったのでしょうか。ここでぶどう酒は出て来ていません。おそらくユダヤ人のしきたりに沿って、神に感謝し、パンを裂いたのでしょう。聖餐式でなくても、食事の場が神に感謝し、人々を元気づける場となりました。

私たちの食事が感謝と励ましの場となるためには、どうしたらいいでしょう。

祈り「主よ、私たちの食事の場を感謝と励ましの場としてください」

351

12月17日 ―― 27・39〜41

「船を座礁させてしまった」

夜が明けたとき、陸地が見えました。入念に砂浜を目指していたそのとき、予想外のことが起こりました。船が浅瀬に乗り上げて、座礁したのです。しかも激しい波で、船尾が壊れ始めました。

私たちは最後の瞬間まで油断したり、思い上がったりしてはいけません。主の守りの御手がなければ、一歩たりとも進めないのです。

順調に進んでいたのに予想外のことが起こった経験はありますか。

祈り「主よ、あなたの御手が支えてくださらなければ、私は一歩たりとも進めません」

352

12月18日 ―― 27・42〜44

「百人隊長はパウロを助けたいと思い」

兵士たちが囚人たちを殺そうとしたのは、自分の保身のためでしょうか。もしそうしたら、船の皆が救われなければならないという主のことばが実現しません。百人隊長はパウロを助けたいと思い、兵士の計画を制止しました。一人の人の心が主に動かされ、パウロに向いたので、パウロは助かり、全員が無事に陸に上がりました。

百人隊長の思いと行動から、どんなことを教えられましたか。

祈り「主よ、私も主に助けられた者です。主がだれかを助けようとするとき、私を用いてください」

353

12月19日 ―― 28・1〜3

「島の人々は……非常に親切にしてくれた」

パウロたちが上陸したのはマルタと呼ばれる島でした。イタリアのシチリア島から南に百キロ弱の島です。島の人々はパウロたちに非常に親切にしてくれました。今まで見てきたように、パウロはクリスチャンではない多くの人たちの好意と親切によって、いのちが守られ、ローマに到着するという主のみこころを実現しました。

パウロはどうしてこのような多くの親切を受けられたのだと思いますか。

祈り「主よ、親切でない私に、親切な心と行いを与えてください」

354

12月20日 ―― 28・4〜6

「この人はきっと人殺しだ」「この人は神様だ」

悪い目に遭うのは悪いことをしたからだ、と島の人々は考えていました。しかし、蛇にかみつかれた後でもパウロが何の影響も受けないのを見て、パウロを神様だと言い出しました。パウロが反論したかどうかは書かれていません（14・14〜18）。三か月滞在したのですから（28・11）、福音を語る機会は十分にあったでしょう。

「悪い目に遭うのは悪いことをしたからだ」と思いますか。

祈り「主よ、悪いことの原因ではなく、主がなさるわざに私の目を開いてください」

355

12月21日――28・7〜8

「**彼に手を置いて祈り、癒やした**」

島の長官プブリウスはパウロたちを歓迎し、親切にもてなしてくれました。神としてあがめるのではなく、交わりを持ちました。そのときパウロは、プブリウスの父の病を癒やしました。手を置いて祈ったとき、パウロはイエスさまの名を呼んだでしょう。パウロが神なのではなく、イエスさまに頼る者であることが証しされた瞬間です。あなたの親切を必要としている人は、だれでしょうか。

祈り「主よ、私を、人々を歓迎し、親切にもてなす者としてください」

356

12月22日――28・9〜10

「**人々は私たちに深い尊敬を表し**」

プブリウスの父を癒やしたパウロのもとに、島の多くの病人たちもやって来て、癒やしを受けました。島の人々はパウロだけではなく同行者も含めて深く尊敬しました。なぜパウロたちは尊敬されたのでしょうか。病を癒やしてくれたことも、彼らが尊敬された一因でしょう。それ以外にも、人々が彼らを尊敬する何かがあったのでしょう。パウロたちはどうして深い尊敬を受けたのだと思いますか。

祈り「主よ、私が人に尊敬されることを求めるのではなく、人を尊敬する心を私に与えてください」

357

12月23日――28・11〜13

「**ディオスクロイの飾りが付いていた**」

冬を越した後パウロたちが乗った船の船首にはディオスクロイ（すなわち、ゼウスの双子の子たち）の飾りが付いていました。ディオスクロイは、船の安全な航海を保証する守り神であると考えられていたようです。しかし、パウロたち（そして私たち）を守ってくださるのは、天地を造った神さまです。

パウロはディオスクロイの飾りを見て、どう思ったでしょうか。

祈り「主よ、異教の神々の中で、あなただけをあがめ、頼ります」

358

12月24日――28・14～15

「パウロは……勇気づけられた」

ローマの兄弟たちが会いに来たことで、パウロの心は神への感謝に満たされ、勇気づけられました。私たちは、「パウロは使徒だし、神さまと深く交わっているから、人の励ましなど必要としない」と思っていないでしょうか。パウロも兄弟姉妹からの励ましを必要としていました。主の励ましは、人を通して与えられるからです。

あなたの励ましを必要としている主の働き人はいないでしょうか。

祈り「主よ、あなたの励ましは、兄弟姉妹を通して私に満ちあふれています」

359

12月25日――28・16～18

「私に死に値する罪が何もなかったので」

パウロは身の潔白を訴えたかったのでしょうか。確かにそういう思いもあったでしょう。しかし、無実なのに訴えられ苦しみに遭うのは、まさにイエスさまが経験したことです。パウロも、イエスさまの弟子として、主の足跡に従う歩みをしました。

主はどのような点で、あなたが主の足跡に従うようにと教えておられるでしょうか。

祈り「主よ、あなたの足跡に従うことがどういうことか、私に教えてください」

360

12月26日 ―― 28・19～20

「イスラエルの望みのためです」

パウロがカエサルに上訴したのは、二重の目的がありました。まず、ローマに来て福音を語るためでした。これは主の約束の成就です（23・11）。次に、イスラエルの望みのためです。この望みとは死者の復活のことです（23・6）。イエスさまの復活こそイスラエルの望みであると証ししたので、パウロは鎖につながれているのです。

あなたを不自由にしている「鎖」のようなものはありますか。

祈り「主よ、『鎖』よりも強いあなたの愛の力で、私を自由にしてください」

361

12月27日 ―― 28・21～22

「あなたから聞くのがよいと」

この段階でローマのユダヤ人たちは、パウロに対して非常に開かれた態度を取っています。具体的には、⑴ユダヤから何の通知も受け取っていないこと、⑵だれからもパウロについて悪いことを聞いていないこと、⑶その一方でクリスチャンたちに対してはユダヤ人の間で反対意見があることを知っていることです。

あなたが開かれた態度を取ったほうがいいことは、何かありますか。

祈り「主よ、私に開かれた心と態度を与えてください」

362

12月28日 ―― 28・23～24

「朝から晩まで説明を続けた」

パウロは彼の宿にやって来た大勢のユダヤ人たちに対して、二つのことを語りました。神の国とイエスさまです。この二つは、使徒の働きでイエスさまも使徒たちも証しした重要なテーマです（1・3、8・12、28・31）。パウロは、モーセの律法と預言書が語ることが、イエスさまによって成就したことを説明し、説得しようとしました。

パウロの態度から、どのようなことを学ぶ必要がありますか。

祈り「主よ、私をみことばを理解し、生き、証しする者としてください」

363

12月29日 ―― 28・25〜26

「互いの意見が一致しないまま」


人々は互いの意見が一致しないまま帰ろうとしました。パウロはどうしたでしょうか。「失敗した」「説得できなかったのは自分の責任だ」と思ったでしょうか。いいえ。彼はこの状況がイザヤ書の語るとおりだと受け止めました。私たちの心にはさまざまな思いが起こります。その思いを、みことばを通して語る主にゆだねましょう。

あなたが主にゆだねたほうがいい思いは、何でしょうか。

祈り「主よ、私の思いをあなたに差し出します。お取り扱いください」

364

12月30日 ―― 28・27〜28〔29〕

「彼らが聞き従うことになります」


ユダヤ人たちがパウロの語る福音を受け入れなかったのは、彼らの心が頑なだったからでした。彼らが福音を拒絶したので、救いのメッセージは異邦人に送られました。異邦人は福音を信じました。この後も信じる者が起こされます。パウロは神の救いが異邦人に語られることで、ユダヤ人の間にねたみが起こり、それが彼らの救いにつながることを願っていました（ローマ10・19〜21、11・11〜14）。

みことばに対してあなたの心が鈍くなっていないか、祈って探りましょう。

祈り「主よ、みことばに対して鈍い私の心を、敏感な心にしてください」

使徒の働き 28:25-31

365

12月31日 —— 28・30〜31

「パウロは、まる二年間」

パウロはローマでまる二年間、神の国と主イエス・キリストのことを自由に宣べ伝えました。ここで使徒の働きは終わります。パウロはその後どうなったのでしょうか。使徒の働きはパウロやペテロの伝記ではなく、福音がエルサレムから始まってどのようにローマまで伝えられたのかを証しするものです。さらに地の果てまで福音が伝えられた様子は書かれていません。それは私たちにゆだねられた働きです。

使徒の働きを味わう中で、一番印象に残っていることは何ですか。

祈り「父なる神よ、使徒の働きを通して、御子の御霊がどのように教会を導いて、福音が伝えられていったかを味わいました。同じ御霊が私たちを導き、あなたの実を結んでください。アーメン」

あとがき

戦争、コロナ、地球温暖化等々のたくさんの心配や不安がある中で、聖書を読むことにどのような意味と価値があるのだろう――そう思ってしまうことがあります。そうであるからこそ、日々みことばを黙想することによって主と交わり、主によって自分が変えられ、整えられていくことが必要なのだと思います。そのような思いで『使徒の働き　３６５の黙想と祈り』を書きました。

そもそも『使徒の働き　３６５の黙想と祈り』は、二〇一九年に中之条キリスト集会で一年間取り組んだディボーションと分かち合いが土台となって生まれました。

この年は私自身のクリスチャンとしての在り方が根底から揺さぶられるような経験がいくつもありました。その中で、聖書を読むことが神さまとの交わりであるということを私は本当に信じ切れるのか、そこに徹することができるのかを問われ続けました。神さまが聖霊を通して初代教会を導いた証しである使徒の働きを日々黙想し祈ることによって、神さまは同じように私を（私たちを）導いておられるのだ。それを信じ切れるのか――使徒の働きのことばにすがりつく思いでした。私たちがこのように揺れ動く弱い者であるからこそ、主は限りない愛と真実で支えてくださるのだと思わされています。

このようなことを通してこの本の出版の道が開かれたということは、神さまが「わたしがともにいる。前に進みなさい」と一歩を導いてくださっているのだと受け止めています。

マタイ、パウロ、ヨハネに続く第四弾では、新しい試みがあります。毎月の最後にイラストを入れました。中之条集会に集う秋山琴姉妹に描いていただきました。イラストが入ることで、今までよりも親しみやすいものになったと思います。さらに幅広い世代の多くの方々に手に取っていただけたらと願っています(今までの経験では、小学校高学年くらいから十分利用できました)。

今回も執筆に当たっていくつかの注解書を参考にしました。David G. Peterson, *The Acts of the Apostles*, PNTC (Nottingham, England: Apollos, 2009) は全体を通しての同伴者であり、多くの洞察を得ました。また、I・ハワード・マーシャル『使徒の働き』富田雄治訳（いのちのことば社、二〇〇五年）も良き相談相手でした。

今回の出版を心待ちにしていてくださった方々、中之条キリスト集会の兄弟姉妹、家族、いのちのことば社出版部の方々に大変お世話になりました。心から感謝いたします。

二〇二三年八月二十七日　　長女の結婚式の日の夜に

篠原　明

著　者
篠原　明（しのはら・あきら）

1964年生まれ。中之条キリスト集会牧会者（群馬県）。東京基督教大学共立基督教研究所研究員。英語教師。
早稲田大学、東京学芸大学大学院、リージェント・カレッジ（カナダ）、トリニティ国際大学（神学校、米国）で学ぶ。三位一体論と父性の研究で哲学博士（教育学）。
著書：『「霊性の神学」とは何か――福音主義の霊性を求める対話』（あめんどう）、『マタイの福音書 365の黙想と祈り』『パウロの手紙 365の黙想と祈り 1』『ヨハネの福音書 365の黙想と祈り』（以上、いのちのことば社）
訳書：ユージン・H・ピーターソン『若者は朝露のように――思春期の子どもとともに成長する』、J・I・パッカー『聖書教理がわかる94章――キリスト教神学入門』（両者ともいのちのことば社）

使徒の働き 365の黙想と祈り

2023年11月1日発行

著　者　篠原　明
印刷製本　日本ハイコム株式会社
発　行　いのちのことば社
〒164-0001 東京都中野区中野2-1-5
電話 03-5341-6923（編集）
03-5341-6920（営業）
FAX 03-5341-6921
e-mail:support@wlpm.or.jp
http://www.wlpm.or.jp/
新刊情報はこちら

ISBN978-4-264-04463-5